THE EMOTION THESAURUS

如何描写情感

［美］安琪拉·阿卡曼　［美］贝卡·帕格利希 著
曹逸冰 译

南海出版公司

新经典文化股份有限公司
www.readinglife.com
出　品

目 录

CONTENTS

序言 ………… 1

情感的写法 避免常见失误 ………… 5

《如何描写情感》的使用方法 ………… 17

爱情 ………… 24

安心 ………… 28

悲伤 ………… 32

鄙夷 ………… 36

不安全感 ………… 39

不感兴趣 ………… 43

不满 ………… 46

不确定 ………… 50

不相信 ………… 54

不知所措 ………… 58

猜疑 ………… 62

崇拜 ………… 66

挫败 ………… 70

担心 ………… 73

担忧 ………… 77

胆怯 ………… 80

提防 ………… 84

烦恼 88
防御 92
愤怒 96
感谢 100
孤独 103
害怕 106
好奇 110
后悔 113
怀念 117
怀疑 120
慌张 124
混乱 127
激动 131
急躁 134
嫉妒 138
焦虑 142
紧张 146
惊叹 150
惊讶／震惊 153
沮丧 157

拒绝 161
绝望 164
决心 168
渴望 172
恐惧 176
苦恼 180
愧疚 184
满足 188
矛盾 191
勉强 195
难堪 199
恼怒 203
平静 207
期待 210
轻蔑 214
屈服 217
屈辱 221
生气 225
盛怒 229
失望 233

同情 237
痛苦 241
希望 244
羡慕 247
幸福 251
兴高采烈 255
羞耻 258
厌恶 262
疑神疑鬼 266
忧郁 270
愉快 273
欲望 277
怨恨 281
憎恨 284
自豪 288
自命不凡 291
自信 295
自责 298

鸣谢 302

序言

情感的力量

成功的小说都有一个无关题材的共同点，那就是“情感”。在这些作品中，情感是所有人物的决策、行动和言语的核心，它们推动着情节的发展。没有了情感，人物的发展也就失去了意义，利害关系不再存在。没有血肉支撑的情节，就像一条由无关痛痒的事件串联而成的“干涸的河床”。这样的作品自然不会有人看。

为什么？因为读者看书的首要目的，就是获得情感层面的体验。读者想要和书中的人物交心。他们不仅为读者提供娱乐。人物面临的考验，有时也能对读者的人生之路产生一定的意义。

作为“有情感的生物”，我们无时无刻不受情感的驱使。情感左右了我们的选择,决定了陪伴在我们身边的人,也决定了我们的价值。不仅如此，情感还能促进沟通，使重要信息和信念的共享成为可能。

人们以为这样的交流基本上是通过对话进行的，但调查显示，百分之九十三的沟通是非语言交流。换言之，即便我们努力自控，不把情绪表露出来，我们的肢体语言也会不断释放出某种讯息。所以我们也可以说，人类拥有在不交谈的情况下读取对方状态的能力。

身为作家，我们必须充分发挥与生俱来的技能——观察力，并将其转化成文字表达出来。读者的期望值是很高的。他们并不希望作者一字一句地告诉他们人物是怎么想的，而是想亲自体验人物的情感。为了满足读者的需求，我们必须用简明易懂又引人入胜的方法，刻画出各个登场人物的情感。

语言情感信息与非语言情感信息

台词是表现人物的想法、信念和意见的有效手段，但我们不能把所有情感体验都塞进台词里。

要巧妙表现人物的心情，就要配合台词，充分运用“非语言情感信息”。非语言情感信息可分为“外部信号（肢体语言等动作）”“精神反应（思维）”和“内部感觉（本能、生理反应）”这三项要素。

所谓“外部信号”，指的是人类在体验情感时产生的身体反应。情绪越强烈，身体的反应就越剧烈，动作幅度也越不受我们的意识控制。每个人物都是独一无二的，所以他们会用特定的方式表现自己。我们可以将各个人物的特点和五花八门的“外部信号”结合起来，这样就能通过肢体语言和举止，不受限制地表现人物的情感了。

“精神反应”是反映思维运转的窗口，与情感体验完全一致。思维不一定总是合乎逻辑的，它还会以极快的速度从一个话题跳向另一个话题。将思维用作表现情感的手法，能让读者准确把握这个人物是如何看待这个世界的。从思维角度描写周围的人物、场所和事件对人物视点产生的影响，能使故事变得更丰满，这也是作者明确表达观点的绝佳方式。

“内部感觉”是非语言情感信息中最强有力的反应，但我们在使用它时必须多加注意。这种生理反应（呼吸、心跳、头晕、肾上腺素飙升等）是明显且不受控制的，是引发战斗或逃跑反应的导火索。这是身体产生的本能反应，每个人都有过这方面的经验。正因为如此，读者才能在本质层面理解此类描写，真正与人物产生共鸣。

这种强烈的本能反应描写要求作者在使用它们时格外小心。要是过度依赖这种描写手法，你就会写出一部肥皂剧。而且本能反应的种类有限，写着写着，可能会一不小心写出老套的词句来。这种类型的非语言信息只需一点点就会有显著的效果，请大家务必点到即可。

保持平衡

我们很容易理解情感的力量有多大，也很容易理解情感是如何将读者和情节、人物联系起来的。难的是“如何把情感写好”。无论是什么样的场景，都要把握好情感的平衡，不能太克制，也不能太泛滥。更重要的是，你对情感的描写必须足够新鲜，足够有吸引力。有些作者会在无意中反复使用同样的情感信号。对他们而言，“新鲜”就是一大难题。

需要表现人物的情感状态时，《如何描写情感》一定会为你提供新的灵感。可是在刻画情感时，还有没有其他容易跌落的陷阱呢？在下一个章节，我们会对常见的问题进行一番梳理，并为大家介绍克服问题的小技巧。

情感的写法

避免常见失误

注意表达方式

登场人物的非语言情感是不能直接表述的，而是要靠作者去“呈现”。问题是，“呈现”比“陈述”难多了。

好比下面这个例子：

> 帕克斯顿先生的眼中写满了悲伤。他告诉乔安：“对不起，乔安。我们公司已经不需要你这个职位了。”
>
> 听到这话，乔安感觉到了前所未有的愤怒。

这段话写起来简单，读起来就不那么愉快了。读者都很聪明，能自己找出答案。他们并不希望看到作者直白地陈述人物的情感。

直接陈述情感带来的另一个问题，就是拉大了读者和笔下人物之间的距离。在大多数情况下，此举绝不明智。

再看下面这个例子。这回，我们能看出帕克斯顿先生不愿把坏消息告诉乔安，以及乔安心中的怒火。但是作者希望读者不仅能“把握肉眼可见的情况”，还应“察觉到人物的情感，并与他共同体验这种情感”。为了达到这个目的，我们就不能直截了当地陈述情感，而应该去表达人物的身体与内心的反应。

> 乔安像一支崭新的铅笔似的挺起后背，只坐在椅子的边缘，目不转睛地盯着帕克斯顿先生。她在他手下工作了整整十六年——即便自己身体不舒服，即便孩子生了病，她也会坐上弥漫着汗臭味的公交车，来往于办公室和家之间。可是此时此刻，他甚至不敢看乔安的眼睛。他一会儿摆弄摆弄她办公桌上的文件，一会儿挪一挪自己桌上的时髦摆件。他显然不想说出那个坏消息，但乔安没有就此作罢。
>
> 她手中的塑料钱包发出了响声，于是她松开了紧握的拳头。钱包里还插着孩子们的照片，捏皱了就不好了。
>
> 帕克斯顿先生清了清嗓子。乔安都不记得那是第几回了。
>
> “乔安……呃，本森女士……你在我们公司的职位，恐怕已经——”
>
> 乔安猛地站起身来。被她撞到的椅子滑过地面，砸在墙上，发出一声巨响。与此同时，她冲出了办公室。

看完这一段刻画，读者应该就能对乔安的怒火感同身受了吧？与关键情感相一致的细腻感官描写、巧妙的比喻、具体的动词，还有身体的反应……通过对这些元素的勾勒，读者能充分理解乔安的愤怒。不仅如此——挺直的后背，手里握着的廉价钱包，光是“站起来”这一个动作就让椅子滑到了房间的另一头——这些描写也能帮助读者切实体会人物的情感。

而且我们还能通过这段文字加深对人物的了解。乔安并不富有。她需要抚养孩子。她可能怒火中烧，但她坚强、顾家、自尊心很强。这些信息能丰富“乔安”这个人物的形象，让读者更容易对她产生亲切感。

光看字数，便知道“呈现”比“陈述”难得多。但第二个例子的描写能显著缩短读者与人物之间的距离，方便读者将情感代入角色。当然，如果你需要迅速传达信息，或是需要一个利落的句子来改变气氛或转移关注点，那么偶尔来一段“直接陈述”可能也无伤大雅。不过在剩下的百分之九十九的情况下，还请大家开动脑筋，努力“呈现”情感。你的努力绝不会白费的。

丢掉情感表达定式

嘴角咧到了耳朵根

眼中噙着的泪珠滑落脸颊

膝盖直哆嗦

在文学作品中使用老套的表达方式必然会遭到指责。因为“套路”是懒得构思新措辞的结果，无异于向读者宣布，“这是在惰性的驱使下写就的文字”。但作者都知道这些情感表达定式是很有效的，所以才会下意识地去用。咧嘴笑，显然能体现出人物非常幸福。膝盖的颤抖，也的确能表现出恐惧。但问题是，这类定式并没有考虑到情感的“幅度”，这就导致了它们没有“深度”。我们能通过一滴眼泪看出人物很难过，可他到底有多难过呢？难过到要呜咽？难过到要嘶喊？还是难过到昏厥？难过到哭了五分钟都停不下来？要让读者对人物产生共鸣，关键在于传达人物所经历的情感的深度。

想要呈现某种感情的时候，我们不妨设想一下“如果我经历了这种情感会有怎样的反应”。假设我们要描写的是“激动”。激动时会有什么反应呢？心如擂鼓，小鹿乱撞；脚步变得轻快，说的话也比平时多，连语速都变快了；声调变高，嗓门变大……无论是什么样的情感，都会在我们的身体内外引发各种各样的变化。只要把这些变化表现出来，读者们就能更容易体会到人物的感受。

本书列出的清单是激发灵感的绝佳素材，但写作者自身的观察力也有同样的功效。所以我们可以去商场观察来往的行人，也能观察电影中的人物。总而言之，请大家多“看人”。然后再记下人们在困惑的时候、不知所措的时候、烦躁的时候会有怎样的反应。面部表情是最容易被注意到的，但身体的其他部分也释放出了一定的信息。声音声调、口吻、态度和姿势的变化也绝不能放过。

还有一点很重要——请大家充分熟悉自己要刻画的人物。刷牙、开车、做晚饭……再普通的行为，也是因人而异的。情感就更不用说了。不是每一个人发起火来都会大喊大叫摔东西。有些人会冷静地说话，有些人则干脆保持沉默。肯定也有人出于种种原因掩饰心中的怒火，假装自己并没有感到不快。无论人物正经历着怎样的情感，对情感的刻画都要凸显出人物的特征。如此一来，你就能自然而然地写出独具一格，却又打动人心的文字了。

千万别写成肥皂剧

如果情感的“强度”都一样，将它们转化成文字也许就不是什么难事了。然而，情感的强度却有好多种。比如“恐惧”，人物对恐惧的反应视情况的严重程度而定，有忐忑不安、焦虑、疑神疑鬼、惊恐等级别。极端的感情需要用极端的手法去描写，而相对微妙的感情则需要细腻的刻画。不幸的是，作者们往往会误以为，只有戏剧性的情感刻画才能抓住读者的心。悲伤的人就该号啕大哭，高兴的人就该用跳跃来表达心中的喜悦。可是这样写出来的东西必然会沦为肥皂剧，招致读者的怀疑。因为在现实生活中，情感不会时刻暴露在外。

为了避免把故事写成肥皂剧，我们必须意识到，情感的强弱变化是有连续性的。换言之，无论人物置身于怎样的场景，我们都要牢牢把握“人物正处于连续性变化的哪个节点”，进行与场景相符的描写。极端的情感需要极端的描写。同理，克制的情感需要细腻的描写。介于两者之间的情感也需要采用折中的呈现方式。

让人物的情感变化形成一道“顺畅的曲线”也是非常重要的。

看看下面这个例子吧：

麦克把一条胳膊耷拉在窗外，搭在方向盘上的大拇指打着节拍。他给了黛娜一个微笑，但她就这么坐着，用手指摆弄着头发。

“你在担心明天的面试吗？”他问道。

“嗯……这是个很好的机会，来得却特别不是时候。要做的事情太多了，”她叹了口气，“我一直在考虑要不要结束这段感情，让生活变得简单些。”

“好啊。”

麦克跟着喇叭里传出的音乐节奏点头，朝骑着哈雷呼啸而过的车手挥了挥手。

“你同意真是太好了，”黛娜转向他说道，“我们分手吧。”

麦克的脚从油门滑落。空气突然变得凝重了，让他无法呼吸。车朝中心线偏了，但麦克没有调整方向。是生还是死，对他来说都无所谓了。

除非麦克有心理方面的问题，否则他不可能在一瞬间从“平静”转变为“绝望”。在现实生活中，人的情感变化应该按“满足→打击→怀疑→心痛”的顺序发展才对。仔细思考、构建一番，我们就会发现，这个例子中的情感曲线，完全可以用三言两语表现出来：

“你同意真是太好了，”黛娜转向他说道，“我们分手吧。”

麦克的脚从油门滑落。

“分手？分什么手啊？”

“麦克，我们已经这样很久了，你心里应该也是有数的。”

麦克紧握方向盘，深吸了一口气。他们最近的状态的确不算好，她也经常说要“冷静一下”，可每一次他们都能和好如初啊。而且她之前从没提过“分手”这两个字。

“黛娜——”

“求你了，别说了。这一回你是没法说服我的，”她盯着仪表板说道，“对不起。”

麦克的心都揪起来了。他瞥了眼黛娜，却发现她把双手搭在膝头，靠在窗口，蜷起了身子。

他目瞪口呆地凝视着黛娜。他们的关系正在无情地崩塌。

不要让人物的情感变化脱离现实。提前规划好每个场景的感情变化曲线，能有效避免在不经意间把故事写成肥皂剧。

当然，我们并不是说现实生活中一定不存在产生极端情感的场景。生、死、失去、变化——人生中也有一部分场景能引发激烈的反应，而且这种反应会在该场景结束后持续一段时间。为了保证作品的真实性，许多作家尝试着按事件实际发生的节奏与速度“还原”事件的原貌。这就会导致段落变长，出现好几页激烈的情感叙述。肥皂剧就是这样诞生的。尽管在现实世界，同样的情感强度可能会持续很久，可是在故事中，我们几乎不可能将同样的情感以读者容易接受的形式转化成文字。

简单的描写刻画，能有效避免故事变成肥皂剧。这一手法在描写贴近日常生活的情节时也很常用。比如描写对话时，我们就要把闲聊的部分砍掉，以推进故事向前发展。日常工作的场面也可以删去。对读者来说，“一个叫鲍勃的人一边为工作问题发愁，一边洗车”的画面是完全没有必要的，他们也不想看这种东西。同理，在描写较为激烈的情感时，“能把准确的信息传达到位”的长度就足够了。写得又臭又长，让读者看腻了也不好。

巧妙地呈现人物的情感，引起读者的共鸣。让你使用的词句发挥出最大的作用，但是也不要在同一个场景停留太久。

不过度依赖对话与心理活动

将非语言情感信息转化成文字的功夫绝非一日就能练成。所以有些作者就投机取巧，企图更多依靠心理活动与对话表现人物的情感。然而，过度依赖心理活动和对话也很成问题。

> “真、真的吗？”我问道。
>
> “千真万确，”贝克教授回答道，“直到最后关头，竞争都还很激烈，但最终取胜的是你。恭喜你，威廉！”
>
> “天哪！”我说道，“毕业生代表！我太高兴了！”

在表现情感时，词句的选择当然很重要，但光在词句上下功夫是远远不够的。这段文字的作者到头来还是“直接陈述”了人物的心情（“我太高兴了”），而且为了体现出感情的强度，还使用了大量的感叹号。另外，文中没有和对话挂钩的动作，所以整段文字都显得十分生硬。

然而，像下面这段文字那样，只通过心理活动表达感情，也会出问题。

> 我的脉搏飙到了一百六。我赢了！
>
> 毕业生代表！我以为赢的一定会是内森呢——他是物理学研究所的天才，神龙见首不见尾，几乎每天都睡在图书馆。
>
> 我抱住了贝克教授。事后回想起那一幕，我一定会很难为情，很难堪吧。但此时此刻，我已经顾不上这些了。因为被选中的人是我啊！
>
> 知道我有多厉害了吧，内森·舒斯特曼！

从技术的角度看，这个例子并没有明显的失误，身体内外的反应都有提到。读者一看就知道，威廉很激动。然而，这段文字缺了点真实性。为什么？因为这段独白的主人公必然需要和他人对话。无论如何，贝克教授肯定是在场的，肯定会和威廉说话。可是激动万分的威廉居然连一句话都不跟教授说……这也太诡异了。

任何故事都离不开内心独白。在某些特定的场景与情节中，给独白安排一个段落以上的篇幅也是合理的。然而，这个例子并不属于这种情况。在大多数情况下，情感要与对话、心理活动和肢体语言结合起来，才能发挥出更显著的效果。

我的脉搏在一百六上下徘徊。嗯，我肯定是听错了。我是被睡眠不足导致的异常亢奋的扭曲幻想骗到了。

“真……”我清了清嗓子，接着问道，“真的吗？”

“直到最后关头，竞争都还很激烈，但最终取胜的是你。恭喜你，威廉！”

皮椅接住了两腿一软的我，发出一声惨叫。

毕业生代表。我竟然战胜了一个月都见不到人影，几乎睡在图书馆的内森？物理学勉强拿了个 B- 的我，竟然战胜了内森？

“但我赢了……”我喃喃道。

教授起身要与我握手，我却扑上去一把抱住了他，还把他举了起来。事后回想起来，我大概会难为情到想死，但此时此刻，我已经顾不上那么多了。

“我赢了！知道我有多厉害了吧，内森·舒斯特曼！”

“我就知道你一定能行的。”

教授好不容易才挤出一句话来。

要在表现情感时形成最大限度的冲击力，就要巧妙搭配语言层面与非语言层面的技巧，提升文字的多样性。

不要过度刻画人物的背景

每个人物都有着独特的个性，而他们的个性就建立在过去的经历上。要赢得读者的共鸣，有一个屡试不爽的方法，那就是“揭露他为什么会变成现在这个样子”。

以电影《大白鲨》为例。捕鲨能手昆特一出场就用脏兮兮的指甲划了划黑板，没有丝毫的“和蔼可亲”。随着电影的推进，他那粗鲁的态度，还有欺负年轻人胡珀①的模样，都加重了观众对他的厌恶。

但是后来，昆特道出他曾是巡洋舰“印第安纳波利斯号”的舰员。舰艇沉没后②,他在鲨鱼出没的汪洋大海漂泊了整整五天。于是，观众们就能理解他为什么会变得如此冷淡了。他举手投足并没有变，依然是一个让人喜欢不起来的角色。但了解了他的背景之后，我们对他产生了同情，也会由衷地希望他能有一个好结局。

这个例子充分体现出，人物的背景故事对“促进读者产生共情”起着何等重要的作用。现在的我们都是过去的产物。身为写作者，我们理应知晓笔下的角色是如何变成现在这样的，并将这些信息传达给读者。

不过这个环节的难点在于“应该向读者透露多少”。许多作者一心想要赢得读者的共鸣，下意识地透露了过多的信息，但这样只

---

①《大白鲨》中的海洋生物学家，与警长说服了市长捕杀鲨鱼。

② 1945 年 7 月 30 日，此舰遭到日本海军伊 -58 号潜水艇的袭击，船上 1200 名美军仅有 317 名死里逃生，800 多人因此丧生，成为美国海军史上最大的一次灾难。

会让故事的节奏变得迟缓，引起读者的腻烦，致使读者产生跳过追忆，直接翻到高潮部分的冲动。我们不妨再看看上面这个例子：经历海难肯定不是让昆特变得难以相处的唯一原因，但影片没有必要把他的其他经历都拍出来。换言之，只要恰到好处地提到那场海难就足够了。

要防止人物背景信息的过度渲染，我们需要提前想好要透露多少关于这个人物的信息（尤其是他过去的经历），然后在推进情节发展的过程中，穿插些许过去的经历。回忆一下自己喜欢的故事中的人物，寻找灵感，也不失为一个好方法。就算这个人物不是人见人爱也没关系。我们可以顺着故事情节再捋一遍，看看作者就这个人物透露了怎样的过去，又是如何把过去的经历嵌入故事中的。

要把人物背景写好绝非易事，不过和其他写作技巧一样，它的关键也在于“平衡”二字。

《如何描写情感》的使用方法

情感能让场景更丰满有力。若能巧妙地刻画出人物的情感，读者们就能走出“漠不关心”的领域，来到“感同身受”的世界。描写真实的情感不总是一件容易的事。然而，要想创作出杰出的作品，就离不开表现人物情感的新鲜创意。

只有充分结合语言信息与非语言信息，才能表达出最有说服力的情感。如果你想给读者留下印象深刻的“情感冲击”，那么《如何描写情感》一定能为你提供非语言信息的关键元素。那么我们该如何将这本书用到极致呢？

明确核心情感

一些特定的场景确实能够激发某种特定的情感，但在大多数情况下，人会同时产生好几种复杂的情感。如果你不知道该如何将各种情感冲突交错的情形传达给读者，那就不妨后退一步，先把人物的核心情感搞清楚吧。如此一来，你就更容易把握住这个人物接下来可能会经历的其他情感了。

找到核心情感后，再翻开这本书，查找合适的词条。“进化版”这一项给出的是情感发展方向的逻辑性推测（即人物的情感可能会在之后朝哪个方向发展)。一旦清楚地呈现出核心情感之后，我们可以稍稍叠加一些其他的情感，让整体更显协调。

宜少不宜多

用过多的铺垫渲染人物的情感，会拖慢故事的整体节奏，读者好不容易产生的情感体验也会大打折扣。如果写作前没有明确人物的核心情感，或是堆砌无关痛痒的词句，就很容易落入这一陷阱。强烈的意象能让人瞬间想象出故事的场景。正因为如此，我们才需要努力刻画简明易懂的肢体语言，留给读者想象的空间。另外，我们绝不能让过多的情感描写拖慢情节的发展。关键在于时刻站在读者的立场上思考，让读者情不自禁地翻动书页。

充分运用场景设定

故事人物可不是活在幻想的肥皂泡里的。他们在不断与周围的世界互动。在牵涉情感的时候，这一点体现得尤为明显。厨房里的人物在发火时可能把放在柜子上的酒杯摔在地上。可这个人要是在办公室，就得稍微克制一下心中的怒气了。于是他就有可能猛地拉上办公室的门，或是气得全身发僵，或是用力敲击键盘。要打造出独特又不失自然的情感反应，写作者需要在参考情感词条的同时，充分考虑到人物所处的环境。

在套路上动刀子

为了将感情传达给读者，作者理应尽可能使用新鲜的创意。然而，我们不得不承认，某些用过无数遍的“套路”其实很有效，这也是其在小说中不断出现的原因。不过本书的每一个词条下都列出了好几种表达方法，如果你觉得自己太过依赖“眼珠骨碌碌地转”“拳头紧握”等这样的定式，那就先在它们身上动动刀子吧。

以“颤抖”为例。它是一种生理反应，常被用于表现恐惧与不快。但直接用“后背发凉”“毛骨悚然”来描述，就显得老套了，难以引起读者的兴趣。当然，感觉本身是对的，可我们完全可以换一种说法。“颤抖顺着腿肚子涌上来”不是很好吗？把颤抖比喻成顺着植物的藤蔓往上爬的切叶蚁也行。如果不用“颤抖”这个词就更好了，比如“皮肤仿佛都绷紧了”，“头发仿佛都竖起来了”。总而言之，请大家大胆挑战全新的表现手法吧！我们有的是办法在套路上稍微动个刀子，创造出只属于自己的措辞。

本书是表达的起点

每一个角色都有自己的个性，而他们体验到的肢体活动、动作、本能感觉和心理活动也是独一无二的。列举在每个词条中的表达手法并不是放之四海而皆准的，它们其实是为作者们提供了深入思考的“起点”。每个故事人物都有不同的背景和独特的性格。他们与周围的人的相处，必然也会对他们的情感表达产生影响。希望大家能充分考虑到这一点，将本书各个词条中列出的表达手法用作头脑风暴的工具。它们会成为宝贵的线索，帮助大家用独特的措辞刻画出人物的情感状态。

试试相关的情感表达

如果找不到能完美契合的身体反应、本能反应或心理活动，不妨翻到写有相似情感的页面看一看。每个词条都给出了诸多提示。翻看相关情感表达所在的页面，说不定能让你产生新的灵感。

本能反应是身体发出的信号

有时候，最强烈的情感反应是生理性（本能性）的，而这类反应大多发生在我们体内，周围人往往难以发现。如果你要站在第一人称或第三人称的视角进行忠实的描写，此类情感的呈现方法就成了一个难题。解决这个问题的方法，就是聚焦与这种情感相关的，表现在身体上，且“一眼就能看出来”的本能反应。比如出汗、脸红、发抖等状态，就包含着其他人物也能一目了然的外在元素。用好这样的信号，写作者就能在维持人物视角的同时如实刻画人物的本能反应了。本书也总结归纳了与内部感觉同时出现的“外部信号”，敬请参考。

小结

本书旨在帮助大家构思出人物独特的情感表达方法。虽然书中归纳的词条只是一个小小的起点，但笔者由衷希望，《如何描写情感》能成为读者创作道路上的左膀右臂。让我们朝着快乐的创作世界进发吧！

如何描写

情感

本书以可用于描写情感的“近义词”为切入点，介绍了七十五种情感及其带来的各种反应（情感信息）。

外部信号

即来源于情感的反应通过肢体或言语明确表现出来的信号。第三者也能感知。

内部感觉

来源于情感，产生于人体内部的本能性或生理性感觉。

精神反应

来源于情感的思维模式。

体现强烈情感或长期性情感的信号

在情感非常强烈，或持续时间较长时表现出来的外在、内在或精神反应。

体现受压抑情感的信号

在登场人物试图掩饰自身的情感，或是对情感尚不自知时，表现出来的外在、内在或精神反应。

“进化版”列举了“这种感情可能发展成哪些相关的情感”。

本书以北美文化为准，因此书中可能存在不符合中文语言习惯的语句，敬请留意。

爱 情 / 对他人深切的喜爱、依恋、着迷

外部信号

· 接近，碰触

· 对着空气发笑

· 灿烂的笑容，两颊发红

· 强有力的眼神交流，几乎不眨眼

· 关注对方最好的地方

· 仿佛在品味空气一般深呼吸

· 眼神中表现出渴求

· 舔嘴唇

· 下意识地张开嘴唇

· 轻盈的步子，仿佛在跳跃一般

· 傻笑或含着笑意，说个不停

· 相互依偎

· 枕着对方的膝盖

· 使用专属的昵称或能表达爱意的绰号称呼对方

· 出神地凝视恋人的照片或是和他有关的东西

· 对情歌产生共鸣

· 使用幼稚的、一听就是坠入情网的口吻说话

· 紧张的举动（摆弄双手、舔嘴唇）

· 调情或说出“我爱你”

· 边说边吸引对方的注意，或是说个不停

· 朝向心上人所在的方向

· 半开玩笑地推搡或抓住对方

· 分享秘密与愿望

· 饱含爱意的身体接触（轻抚手臂、牵手、亲吻、拥抱）

· 坐得很近，能轻易碰到对方的双腿

· 搂住对方的肩膀

· 配合对方的兴趣爱好

· 把手搭在对方的腰带或口袋上

· 重色轻友，陪伴朋友的时间变少

· 写信或小诗给对方

· 陪伴对方、送礼物，关怀对方

· 找朋友谈论心上人，寻求建议

· 动不动就看手机，唯恐错过对方的电话

· 频繁发短信

· 随手画下爱心，写下双方的名字

· 为了改善自己的形象，拼命节食减肥、做运动

· 看爱情电影

内部感觉

· 心神不定，仿佛胃壁上开了个洞

· 脉搏加快

· 心怦怦跳，好像心脏要炸了一样，或是被什么东西猛地撞了一下

· 全身变得敏感

· 膝盖、双腿颤抖

· 偶然的触碰都会让身体发麻，产生被电到的感觉

· 舌头打结，说话结巴

精神反应

· 因身体接触或心上人就在身边产生亢奋感与幸福感

· 感激世界与人世间的一切

· 和心上人在一起时会忘却时间的流逝

· 想入非非，心不在焉，沉浸在幻想中

· 和心上人在一起时，眼里看不到其他东西

· 想方设法让恋人为自己骄傲

· 长时间联系不上时倍感焦虑

· 独占欲、嫉妒

· 和心上人在一起就很安心，很满足

体现强烈情感或长期性情感的信号

· 交换个人物品（衣服、饰品、钥匙）

· 接受恋人的朋友，就像是自己的朋友一样

· 共享存款和其他东西

· 为了和恋人在一起，或是为了让恋人开心，愿意忍受艰难困苦

· 优先考虑对方的需求

· 和对方变得亲密

· 分享梦想与希望，情感上变得脆弱

· 把恋人放在未来规划的中心

· 同居、恋情稳定、结婚

体现受压抑情感的信号

· 皮肤发红

· 声音变高

· 腼腆的笑、咯咯笑

· 离得很近，却不去触碰对方

· 偷瞄

· 保持恰当的距离，凝视

· 对心上人的私生活抱有强烈的兴趣

· 强调和心上人“只是普通朋友”，没有特殊关系

· 心上人一进屋，立马打起精神

作家小贴士

在进行描述的时候，语句的结构尤为重要。要不时改变句子的长度，以防把文章写成“枯燥乏味的报告”。这样能让文章更有动感，打造出鲜活的知觉描写。

进化版 崇拜 → P66、满足 → P188、平静 → P207、欲望 → P277

安 心 / 重压得到缓解，或心情变得轻松

外部信号

· 单手捂嘴

· 摇头闭眼

· 松了一口气

· 手发抖

· 向他人寻求慰藉

· 身体瘫软

· 缓缓露出微笑

· 用幽默的言辞活跃气氛

· 发出颤抖的笑声

· 靠在墙上或别人身上

· 用手心压住眼睛

· 让别人把好消息再说一遍

· 双腿颤抖

· 膝盖发软

· 摇摇晃晃地后退一步

· 倒在椅子上

· 呆呆地张开嘴

· 不知道该说什么，拼命搜寻合适的措辞

· 步子不稳

· 如释重负，大哭大喊

· 反复问同样的问题，好让自己确信这一刻是真的

· 仰望天空

· 长舒一口气

· 前后摇晃身体

· 两眼放光地凝视着让自己安心的对象

· 发出轻微的呻吟

· 轻启双唇

· 对相关者表现亲昵（拥抱，握手）

· 用手捂住肚子

· 用掌心按住心脏所在的位置

· 低头

· 在即将跌倒时稳住自己的身体

· 闭眼、情不自禁地点头

· 头往后仰

· 轻声地骂一句脏话（没有恶意）

· 画十字（有虔诚信仰的情况下）

内部感觉

· 口干舌燥

· 肌肉放松

· 紧张突然得到缓解

· 眼底溢出泪水

· 身体突然变轻，头晕目眩

精神反应

· 想被人拥入怀中

· 一动不动，想让放松感流遍全身

· 感激

· 思路混乱

· 无法当场给出恰当的回答

· 残存的丧失感或痛楚延迟出现

体现强烈情感或长期性情感的信号

· 情绪失控，哭出来

· 表现难以抑制的情绪（跳起来、喊叫、跑来跑去、歇斯底里地哭喊）

· 当场瘫坐在地

· 感觉到胸口的剧烈起伏

· 头晕目眩

· 嗓子像是被卡住了一样

体现受压抑情感的信号

· 故作平静地呼气

· 闭眼一段时间

· 用鼻子深深地吸气

· 咬住嘴唇，忍住微笑

· 吞咽口水、点头

· 觉得不能光顾着安心，而是应该集中注意力做其他事情，眯起眼睛

· 暂时不考虑这种安心感，留着事后细细品味

· 注意力不集中

作家小贴士

在人物故意掩饰自身的情感时，情感的线索往往会变得比平时更难把握。遇到这种情况，通过对“小变化”（如口吻的变化、下意识做出的习惯性动作、姿势的变化）的描写来呈现人物的情感是行之有效的办法。

进化版 感谢→P100、激动→P131、幸福→P251

悲 伤 / 特征为心痛或愁苦

外部信号

· 哭泣

· 哭肿的脸和眼睛

· 哭太久导致眼睛发红

· 流泪导致的脱妆

· 留有泪痕的皮肤

· 吸鼻涕、擤鼻涕

· 皱眉

· 垂头丧气

· 说话带着哭腔或泣不成声

· 低头、目不转睛地看着自己的双手

· 弓着背

· 用掌根摩擦胸口

· 动作不协调、动作僵硬

· 望向远方或视线空洞无焦点

· 单调平淡的声音

· 嘴角下垂、没有笑意的表情

· 双手捂脸

· 双臂耷拉在身体两侧

· 拳头放在胸口摩擦或按住胸口

· 双臂交叉，抱住自己的肩膀

· 瘫坐在椅子上

· 脚步沉重

· 表情无力、噙着泪水、眼神空洞

· 双手抱头、身体前倾

· 没精打采的动作

· 下巴发抖

· 拼命找纸巾

· 碰触十字架或其他饰品寻求慰藉

· 收起四肢，让四肢更靠近身体

· 目不转睛地盯着空空如也的双手

· 肩膀发抖

· 握紧某件承载着情感的物件

· 与社会的交集逐渐减少

内部感觉

· 胸口疼

· 眼皮发烫或因泪水变黏

· 喉咙发痒

· 流鼻涕

· 咽喉与肺部疼痛

· 头晕或感觉周围的一切都变得迟缓了

· 胸闷、四肢沉重僵硬

· 撕心裂肺般的感觉

· 视野模糊

· 精神不佳

· 浑身发冷

精神反应

· 无法回答问题

· 不知道事态会如何发展

· 不愿与他人接触、自闭

· 试图（通过睡眠、饮酒或与他人的陪伴）逃避悲伤

· 渴望独处

· 渴望得到他人的安慰

· 回避、拒绝谈论会带来痛苦的话题

· 希望早日从痛苦中解放出来

体现强烈情感或长期性情感的信号

· 痛哭

· 泪水涌出眼眶，顺着脸颊流下

· 呼吸急促、气喘

· 食欲不振

· 绝望、看不到希望

· 沮丧

体现受压抑情感的信号

· 转身离开

· 为使自己平静下来而中断谈话

· 深呼吸或大口吸气

· 咬嘴唇

· 眨眼

· 改变话题

· 喝一口饮料或吃一口食物（来向他人证明自己情绪稳定）

· 颤抖的笑容

· 一只手紧紧抓住另一只手，或紧紧抓住其他东西

· 一只手捂住或罩住自己的嘴

· 将更多的精力放在抚慰别人的伤痛上，而忽略了自己的悲伤

· 离席去洗手间或取饮料，以争取到独处的时间

作家小贴士

在描写对话的时候，请大家更多地关注人物脑海中“思考”的内容，而非他们口头“回答”的内容。如果你聚焦的是后者，就有可能写出不自然且片面的对话。

进化版 孤独→P103、怀念→P117、沮丧→P157

鄙 夷 / 极度的轻视或嘲笑；认为对方不如自己

外部信号

· 尖锐刺耳的话语
· 贬低对方，以提醒对方“谁占了上风”
· 奸笑或不耐烦地嗤之以鼻
· 逼近或是压迫对方
· 双臂交叉，两腿分开站立
· 讽刺
· 紧抿嘴唇
· 投来尖锐的目光
· 故意挑起眉毛，歪着头
· 把眼镜拉下来一点，从眼镜边缘凝视对方
· 摆手，仿佛在说“给我一边去”
· 思考要如何欺负对方
· 用夸张的动作翻白眼或向上一瞥
· 用力呼气，同时带动嘴唇抖动
· 在人前侮辱对方，挺胸或很是不快地撇嘴
· 挑拨其他人与对方作对
· 惜字如金，仿佛对方不值得自己多费口舌
· 嘲笑对方的付出
· 皱鼻子或在自己的鼻子前摆手，仿佛是为了扇走恶臭

· 缄口不言，仿佛刚吃了什么难吃的东西

· 眯眼或狠狠瞪着对方

· 用假惺惺的态度为对方鼓掌

· 不怀好意地说风凉话：“我要是你，一定会尴尬到无地自容！”

· 因对方碰触或跟自己说话而发怒

· 向周围人宣扬对方的弱点

· 无视对方

· 故意用很慢的语速说话，以便强调伤人的字眼

· 离场，以表现出“对方不值得自己浪费时间或精力”

· 向周围人道歉，说对方浪费了大家的时间

内部感觉

· 得意扬扬的感觉

· 因剥夺了对方的力量而亢奋

· 体温上升

精神反应

· 通过言语或行为成功伤害到敌人而心情大好

· 发怒

· 渴望让对方知道自己的能力

· 优越感

· 傲慢

体现强烈情感或长期性情感的信号

· 为了进一步贬低对方而提问

· 煽动对方做不该做的事

· 挑衅

· 强迫对方置身于必然要栽跟头的局面中

· 召集和自己意见相同的人，煽动他们一起嘲笑对方

· 用卑劣的话语折磨对方

体现受压抑情感的信号

· 面部表情呆滞、空洞

· 不再对别人的问题或举止做出回应

· 转身离开

· 摇头

· 脸颊的肌肉微微跳动

· 下巴收紧

· 抿紧嘴唇，以免自己说错话

· 找借口离场

作家小贴士

在刻画角色的情感状态时，别疏忽了他的声音。声音是高了还是低了？是扯着嗓门，还是柔声细语？语气是变得粗暴，还是如丝绸般柔和？当角色试图隐藏自身的情感时，音高与语气的变化都是很好的暗示。

进化版 愤怒 → P96、兴高采烈 → P255、憎恨 → P284

不安全感 / 对自己没把握或缺乏自信

外部信号

· 抚平衣服的褶皱

· 用笑声自嘲

· 转移视线、耸肩

· 把双手藏在口袋里

· 坐立不安

· 确认自己有无口臭

· 清嗓子

· 脸明显发红

· 用非常小的声音说话

· 舔或咬下唇

· 抚摸、梳理自己的头发（安抚动作）

· 裹住自己（如拉紧外套、用双手抱住身体）

· 用力抱住膝盖或双脚

· 笨拙地模仿他人的动作

· 倾向于选择宽松的衣服，而非紧身或暴露的衣服

· 寻求他人的安慰

· 听不进别人的表扬、看不起自己

· 走路低着头

· 待在集体的边缘，在人多的房间专找角落待着

· 把手掌藏在手肘后面

· 扭动手腕

· 不笑或笑容转瞬即逝

· 明显的肌肉僵硬

· 摩擦小臂

· 没有别人的建议或指示就不知道该做什么、该说什么

· 笑声过大或在不恰当的时机笑

· 在胸口握紧什么东西（如书、文件夹、钱包）

· 轻轻拍腿，让自己平静下来

· 用头发遮挡面部

· 啃指甲或摆弄衣服的线头

· 时刻保持距离

· 说话的时候一只手贴近面部

· 难以开口或发表意见

· 搓嘴唇

· 妆容过浓

· 语速快，结巴

· 在场面尴尬时出汗

内部感觉

· 受到质疑的时候心跳加速

· 感觉胃里翻江倒海

· 无法控制地浑身发烫

· 咽部不适、口干舌燥

精神反应

· 优柔寡断

· 就问题或选择想得太多

· 过度纠结于自己的缺点或不足

· 十分留意他人的反应或行为

· 因为不想直面冲突而索性同意

· 关注他人的才能或优点

· 拿自己和他人做比较，寻找自己的不足之处

体现强烈情感或长期性情感的信号

· 抓住能让自己有安全感的物品（如有特殊意义的首饰、照片）

· 驼背

· 一旦被人注意到或是有人上来搭话就脸红

· 回避社交场合

· 在人前变得胆小

· 在成为人群的焦点时恐慌发作

· 更喜欢独自处理事情

· 穿朴素的衣服来降低存在感

· 无法结交朋友

· 坐在房间最靠里的位置或远离他人的位置

· 寻求在线交流而非面对面的交流

体现受压抑情感的信号

· 甩头发

· 挺胸

· 抬起肩膀、站得笔直

· 强迫自己与他人进行眼神交流

· 闪避他人的疑问或关心

· 为了体现自己的果敢而仓促得出结论

· 模仿显得很有自信的人

· 勇于冒险

· 撒谎

· 强迫自己加入谈话

作家小贴士

每个场景都不是孤立的。别忘了融入暗示时间流逝的设定、心理活动或台词。

进化版 担心→P73、提防→P84、烦恼→P88、难堪→P199、疑神疑鬼→P266

不感兴趣 / 漠不关心、没有兴趣

外部信号

· 肩膀放下、放松

· 缓慢、稳健的步伐

· 双臂耷拉在身子两侧

· 耸肩，显得不太积极

· 反应时间长

· 呆呆地、面无表情地凝视

· 一只手掌心朝上，做出抬起的动作，仿佛在说："那又怎么样？"

· 双手插兜

· 身体后仰或躲到一边

· 困倦或毫无生气的表情

· 用单调的语气说话

· 露出礼节性的笑容，而非发自内心

· 没有紧张感，懒洋洋地靠在椅子上

· 视线飘忽不定

· 显得漠不关心（如摆弄衣服的线头、撕扯指甲根部的倒刺）

· 闭上眼睛，想把自己隔绝起来

· 在活动期间或和别人说话的时候发短信

· 懒得回答他人的问题

· 在小组讨论或辩论期间表现不积极

· 无视别人递过来的东西（文件、名片等）

· 转身背对着对方或走开

· 摆出“无所谓”的态度

· 只在被问到的时候才开口说话

· 对方开玩笑或与自己互动时毫无反应

· 公然无视他人或与他人有关的情况

· 做出放松的姿势

· 缓缓离场

· 注意力不在眼前发生的事情上，如盯着自己的脚，用脚蹭地

· 回答“那又怎么样？”“然后呢？”

· 随意换话题

· 打哈欠

· 表现出很无聊的样子（如瘫坐在椅子上、用铅笔敲击桌面）

· 半闭着眼睛

· 只在必要的时候随声附和“嗯”“是哦”

· 注意力易分散（如看着电视、与自己擦身而过的美女）

内部感觉

· 没精打采

· 缓慢、平静的呼吸

精神反应

· 为了把注意力集中在某些事上，将其他不相干的事赶出脑海

· 思维混乱

· 无法与他人产生共鸣

· 考虑时间或接下来的安排

体现强烈情感或长期性情感的信号

· 切断与日常生活或社会的联系

· 共情能力逐渐下降

· 日复一日做同样的事情

· 与他人进行毫无意义的互动

· 难以发现日常生活中的乐趣

· 无视他人心中的痛苦与煎熬

体现受压抑情感的信号

· 一边微笑，一边装出关注的样子

· 别人说话时点头，但没有认真听

· 提出几个流于形式的问题

· 找借口离席

作家小贴士

若想让故事中人物的情感历程自然发展，就要确保笔下人物的情感随着故事情节的推进逐渐变强、变复杂。

进化版 恼怒 → P203、轻蔑 → P214、屈服 → P217、生气 → P225

不满 / 因问题没有得到解决、需求没有得到满足而感到烦躁；受到妨碍的感觉

外部信号

· 捏住嘴唇

· 双手放在身后，一只手抓着另一只手的手腕

· 语速快

· 为发泄负能量轻敲自己的手指

· 用食指指着对方

· 搓或挠后脖颈

· 摇头

· 突然做出某个动作（如手舞足蹈地说话、走到半路突然掉转方向）

· 频繁地来回走

· 姿势僵硬、肌肉紧张

· 咬紧牙关

· 从紧闭的牙关里挤出几句话

· 不耐烦地哼唧或冷笑

· 深呼吸后再开口说话

· 张开双臂做拉伸动作，然后放松

· 龇牙咧嘴

· 举起双手，做出“投降”的动作

· 气呼呼地、毫不客气地走开

· 试图通过人身攻击（如诽谤中伤）伤害对方

· 不经过深思熟虑就发言，之后一般会后悔

· 摔门

· 仰望天空，同时拉拽头发

· 深深地叹息

· 把头搁在桌上

· 说话时口气生硬

· 斜眼或眯眼

· 显得烦躁

· 撩头发

· 攥紧拳头，指甲几乎要陷入手掌

· 做出扭曲或紧绷的表情

· 用一只手搓脸

· 用拳头击打桌面

· 一瞬间皱起眉头，但随即恢复原样，试图恢复冷静

· 双手抱头

· 抬起下巴

· 双臂交叉于胸前

· 由于太急，动作变得不稳当（如打翻咖啡、掀翻物品）

· 夸张地呻吟

· 心神不宁

内部感觉

· 感觉嗓子被堵住了

· 胃部紧绷

· 感觉胸口被勒住

· 高血压

· 头痛

· 下颚疼痛

精神反应

· 极度关注问题的解决方式

· 在脑中反复回放某个场景或某件事，揪着不放

· 暗示自己冷静下来，沉着思考

· 想要提各种问题，急于重新整理所有信息

· 在关系破裂之前控制住自己的情感

体现强烈情感或长期性情感的信号

· 喊叫、吼叫、咆哮、尖叫或谴责

· 哭泣、抽泣

· 恳求或央求："住手吧！"

· 冲出房间

· 睡不着、无法放松

· 大量出汗

· 用很大的力气跺脚走路，或把东西扔给对方而不是递给对方

· 暴力行为（如踹、抓、摇或摔东西以发泄不满）

· 发脾气（如尖叫、倒地、哭喊）

体现受压抑情感的信号

· 咬紧牙关

· 擦去眼泪，掩饰情绪

· 沉默，尽量不回答

· 短暂地闭眼

· 深呼吸

· 用手擦脸，仿佛是要将情绪抹去

· 找借口离场

· 活动肩膀，试图甩掉紧张

作家小贴士

为了让读者更加投入，充分利用“人物的直觉”是个不错的方法。若能明确给出“导致这种直觉性行为的是什么”，那么读者自身的直觉也会做出反应，促使读者更加关注该场面。突如其来的直觉性行为有时还能让故事更完整。

进化版 愤怒 → P96、急躁 → P134、轻蔑 → P214

不确定 / 心存犹疑；无法将全部力量倾注于某种行为

外部信号

· 咬嘴唇或腮帮子

· 皱眉，蹙额

· 扫视周围的人，试图搞清大家是怎么想的

· 低头

· 寻求他人的建议与意见

· 手不停地动（双手交握、抚平裤子）

· 表情沮丧

· 眉头紧锁

· 眯起眼睛，揣摩对方的心思

· 掐、拉下唇

· 左右摆头，仿佛在用天平权衡

· 挠下巴或后脖颈

· 撩开贴在脸上的头发

· 不耐烦地呼气

· 腿不停地动来动去

· 动作做到一半时停住（正要去拿某件物品，或是正在掏钱包时）

· 用“唔……”给一句话开头

· 身体略往后倾

· 面部扭曲、微微摇头

- 为了搜集更多的信息抛出各种问题
- 发出“嗯……”的声音，或是清嗓子
- 咽口水
- 做“拖延时间”的动作，比如弄响手指的关节
- 在纸上涂鸦
- 摆腿或晃腿
- 挠嘴唇或下巴
- 叹气
- 扭脖子
- 用铅笔敲打笔记本或桌面
- 写写画画，以争取时间让自己晚一点做出回答
- 蜷起肩膀，摆出垂头丧气的姿势
- 长时间两眼放空
- 把选项一一说出来
- 寻求能消除疑虑的肯定

内部感觉

- 上气不接下气
- 胃痉挛
- 口渴

精神反应

- 感觉被束缚住了
- 犹豫不决
- 对他人列出的选项或他人的选择感到担忧

· 在脑海中摸索所有可能性

· 回避对方或问题

· 想方设法找答案

· 因与理想情况相距甚远而感到慌乱

· 做了决定，事后却感到后悔

· 关闭心门，拒绝做出决定

体现强烈情感或长期性情感的信号

· 自我怀疑

· 在需要做其他决定的时候也变得没有把握

· 愤怒、不满

· 搁置问题，不做决定

· 无法独自做出任何决定

· 为找到答案进行调查（如上网搜索、找专家咨询）

· 为了保持头脑清醒出门散步，或是暂时抽身，与问题保持距离

· 反复延期，或重新安排活动时间

· 问题没有得到解决，时间却在不断流逝，因此愈发焦躁

体现受压抑情感的信号

· 反应迟缓

· 模棱两可地回答："大概吧""再说吧"

· 因为怕受伤，或害怕发生口角而改变话题

· 不公开表示支持，而是转移对方的注意力

· 犹犹豫豫地点头

· 拖延时间（如倒水，喝水）

· 不回答，而是保持沉默，让对方读懂自己的心思

· 想要开口反对，但在最后关头没能说出口

· 不明确表态，而是说："这个问题回头再说吧，好吗？"

· 提议表决，少数服从多数

· 轻声表示同意，或是表现出并不诚恳的支持

· 为了推迟决定，要求"再给一些考虑的时间"

· 展现出被动的攻击性

作家小贴士

将故事情节从一个场景推进到另一个场景时，须保证感情幅度的整体合理性。能让人留下深刻印象的杰出作品，必然能为读者送上与笔下人物的成长相符，却又能形成鲜明对比的情感体验。

进化版 不满→P46、担心→P73、混乱→P127、拒绝→P161

不相信 / 怀疑；不愿接受真相

外部信号

· 嘴角下垂

· 瞪大眼睛

· 低头、岔开视线

· 揉搓眼皮、眉毛

· 不知该说什么好

· 转头，捂住嘴巴

· 面无血色、面色苍白

· 提出“你确定？”之类的问题

· 挠下巴

· 摇头

· 呆呆地摩擦手臂

· 用语言表达震惊：“你不是在开玩笑吧？”“不可能！”

· 轻微后退，拉开与对方的距离

· 摊手

· 挑起一边的眉毛

· 扬起头

· 飘忽不定的视线

· 迅速眨眼

· 撩头发

· 呆呆地张着嘴、支支吾吾、张开嘴又闭上

· 双手无力地垂在身体两侧

· 稍显垂头丧气的姿势

· 脖子稍往前倾

· 把手插进头发，停住，再把手抽出来

· 摘下眼镜，检查镜框

· 大胆地盯着

· 捂住双耳

· 反复说“不”字或其他否定语句，例如“这不是真的！”

· 用手捂住肚子

· 盯着双手的手掌看，仿佛答案写在上面

· 摇晃、拉扯、轻敲耳垂

· 反应迟钝，过后才恍然大悟

· 挥手驱赶

内部感觉

· 胸口刺痛

· 胃部胀痛、紧张

· 倒抽气

· 头重脚轻

· 呼吸困难

精神反应

· 瞬间做出道德判断（是好还是坏，是对还是错）

· 为理解事态，大脑高速运转

· 试图进行更有逻辑的思考或收集更多的信息

· 装出听错的样子

体现强烈情感或长期性情感的信号

· 心神不宁、坐立不安

· 争论

· 走开

· 反复诉说自己的情绪："简直难以置信！"

· 说不出来，磕磕巴巴地回答

· 举起一只手，想要逃避真相

· 要求有影响力的人做些什么来改变结果

· 封闭性姿势（如双臂交叉挡在胸前，隔绝自己和他人）

体现受压抑情感的信号

· 切换话题

· 紧张地笑

· 找借口

· 接受事情的结果，摆出一副"我早就知道事情会发展成这样"的态度

· 让其他人对自己的信念和承诺放心

· 抱着怀疑的态度，为搜集信息提问

· 清嗓子

· 装出呛到的样子，咳嗽

· 回避眼神交流

· 言不由衷地说"好像挺有意思的嘛""那还挺不错的呢"

作家小贴士

一般情况下，我们最好不要使用“肥皂剧”式的表现手法，但是在刻画夸张的角色时，它也许能发挥出显著的效果。

进化版 不知所措 → P58、愤怒 → P96、拒绝 → P161、屈服 → P217

不知所措 /被某种情感或局面击溃或征服

外部信号

· 用颤抖的手扶额

· 抬起一只手，掌心朝向对方，示意对方不要继续说让自己焦虑的话

· 摆手把人轰走

· 垂头丧气，蜷起身子

· 弓背

· 紧紧抱住双臂或腹部

· 闭着眼睛揉太阳穴

· 泣不成声

· 感到揪心

· 声音发抖

· 失去平衡

· 支支吾吾，喃喃自语

· 流泪、呜咽、难以自制地抽泣

·（跟醉汉一样）脚步不稳

· 跌坐在椅子上，靠在门或墙上

· 用手抱住双膝，让膝盖靠近胸口

· 倒进别人怀中

· 全身发抖

· 满眼泪水

- 无法回答问题
- 背靠墙，蹲在房间角落
- 下意识松开手里的东西，或把水洒出来
- 反复摇头
- 目光呆滞，面无表情
- 低头凝视空空如也的手心
- 瘫坐在地
- 双手捂住耳朵
- 身体前后摇摆
- 闭眼
- 做出不合时宜的反应（如哈哈大笑、大喊大叫）
- 双手放在膝头，身体前倾
- 呼吸频率过快
- 把勒住自己的东西（如腰带、衣领）弄松
- 手指碰触嘴唇

内部感觉

- 双脚直哆嗦，急需坐下
- 脸突然发红，或是感觉到阵阵寒意
- 头晕目眩
- 难以呼吸
- 食不下咽
- 对声音变得敏感
- 耳鸣
- 视野变窄

精神反应

· 神经变得麻木

· 紧闭心门

· 对他人毫无回应，仿佛呈现出病态的紧张

· 寻求安慰

· 想要独处

· 注意力无法集中

· 优柔寡断

体现强烈情感或长期性情感的信号

· 逃避

· 在重压下爆发（喊叫、怒吼、打人）

· 晕厥、失去意识

· 因悲伤而哭泣

· 歇斯底里

· 头痛

· 高血压

· 肌肉疼痛

· 用不健康的方法寻求慰藉

· 心脏病发作

· 身心疲惫、失眠

· 身体衰弱，需要住院治疗

体现受压抑情感的信号

· 口头否认："我真的没事。"

· 假笑，假装很自信

· 兴高采烈地同意，或是装出很热情的样子

· 找借口掩饰自己的身体状况："对不起，因为我站起来的速度太快了……"

· 假装自己只是头痛或有其他小毛病，却不明说自己快撑不住了

作家小贴士

在描写情感时，大家往往会重点刻画人物的面部表情。不妨仔细观察手腕、四肢与脚的动作，并用文字加以呈现，兴许会有更好的效果。

进化版 焦虑 → P142、沮丧 → P157

猜 疑

/在几乎没有或完全没有证据的状态下怀疑“事情不对劲”

外部信号

· 眯眼、斜眼看

· 侧身远离对方

· 皱眉

· 身体发红

· 故意低头研究或凝视

· 双臂紧贴身体

· 偷瞄对方

· 不直接与对方对视

· 假笑

· 偷偷摸摸、侦查

· 偷听

· 跟踪对方

· 保持安全的距离

· 评价对方的举止容貌

· 故作冷淡，以免被对方发现（如双手插兜）

· 蹲下或以身体前倾的姿势接近对方，以防被发现

· 抿紧嘴唇

· 记录对方的行为或动作（如做笔记、拍照等）

· 咬紧牙关

· 歪头的同时在心中仔细思索证据

· 直接问："你在这里干什么？""你想要什么？"

· 用手指着对方与他对质

· 明确说出自己的疑问

· 双臂交叉

· 双腿开立

· 扯着嗓门说话

· 说服周围人相信对方做错了事情

· 大幅度的动作（边说话边甩胳膊、掰着手指列举观点）

· 身体左右摇晃

· 与对方争论

· 走来走去

· 咬住嘴唇内侧

· 讽刺对方，如："你的意思是，我的车轮被人划破的时候，你只是碰巧在场喽？"

· 为搜集信息询问周围的人

· 在网上搜索对方的信息

内部感觉

· 呼吸加快

· 亢奋

· 心怦怦跳

· 下意识地陷入斗争还是逃避的纠结中

· 腹部不适

· 直接面对对方时感到解脱

精神反应

· 为戳穿对方的谎言，仔细倾听他的发言

· 在脑海中把所有与已知现状有关的事情都过一遍

· 想保护自己和周围的人不受对方所害

· 二次猜疑，担心人们会觉得自己的担忧是很荒唐的

· 仔细准备论据或攻击计划

· 斟酌现状的危险程度

体现强烈情感或长期性情感的信号

· 深感怀疑

· 变成跟踪狂

· 设下陷阱，期待对方露出本性

· 企图当着众人的面败坏对方的声誉或排挤对方

· 联系有关部门，表达自己的担忧

· 幻想着对方终于露出本性的那一天

体现受压抑情感的信号

· 微微点头

· 不明确表示同意，而是回答“唔……”

· 声音平缓

· 回答模棱两可

· 回避对方

· 同意得太快、声音太响亮

· 夸张地表示支持：“我百分百站在你这边”“我完全同意”

· 体现出紧张的动作（如啃指甲、转衬衫的纽扣、搓脖子）

· 站在远离对方的位置，不踏入他的朋友圈

· 尽可能缩短与对方共处的时间

作家小贴士

在描写对话时，让人物直接诉说自己的情感也许会比较轻松，但这么做会点亮读者脑中的红灯。如果你在现实生活中不会把这种感情说出口，那也不要让你笔下的人物那么做。

进化版 愤怒 → P96、害怕 → P106、慌张 → P124、疑神疑鬼 → P266

崇拜 / 敬仰；认为某人或某物是神圣的

外部信号

· 嘴唇张开

· 表情变得柔和松弛

· 快步接近，想缩短与对方的距离

· 模仿对方的肢体语言

· 碰触自己的嘴或脸

· 为了轻抚、碰触、抓住对方而伸出手

· 睁大眼睛，进行持续的眼神交流

· 探出身子

· 用“抚摸自己的脖子或手臂”代替“抚摸崇拜的对象”

· 将身体或双脚朝向对方

· 脸红

· 在对方说话时点头

· 微笑

· 展现出开放的态度

· 发出赞叹声

· 将手放在胸口（心脏所在的位置）

· 频频舔嘴唇

· 用手掌轻轻按住脸颊

· 指尖描摹下巴的轮廓

· 两眼放光

· 同意对方的言论（发出带有肯定意味的呢喃）

· 口头称赞

· 收藏关于对方的照片、报道或其他小物件

· 频频对周围人提起对方

· 身体一动不动，全神贯注地看着崇拜对象

· 注意不到周围的环境与人

· 两颊发红，显得很幸福

· 身体明显颤抖

· 眨眼频率下降

· 闭上眼睛，仿佛在细细品味这份体验

· 用柔和的声音或语气说话

· 激动不已导致声音变高

内部感觉

· 心跳加速

· 呼吸急促

· 感觉咽部的血管在跳动

· 口干舌燥

· 咽部不适

· 体温上升

· 神经末梢刺痛

精神反应

· 渴望接近、碰触对方

· 脑子里只有对方

· 认真倾听、观察

· 无视干扰

· 看不到对方的缺点或不足之处

体现强烈情感或长期性情感的信号

· 着迷

· 幻想

· 坚信自己与对方心心相印

· 产生“我们命中注定要在一起”的感觉

· 变成跟踪狂

· 寄信、发短信、送礼物

· 为接近对方或和双方在一起而不惜冒险甚至犯法

· 体重下降

· 睡眠不足

· 嫉妒与对方有互动的人

· 牢记对方的特征或习惯

· 随身携带能代表对方的东西（如照片、衣服等）

· 对对方有很强的占有欲

体现受压抑情感的信号

· 为了掩饰出汗或颤抖，握紧拳头，把手藏起来

· 回避与对方有关的话题

· 从远处凝视、观察

· 与对方保持距离

· 脸红

· 偷看对方

· 创造“偶遇”的机会

· 秘密地写信、记日记

· 不承认对对方的感情、撒谎

作家小贴士

动作描写应该在读者脑海中形成强烈的印象。要是动作太拖拉或太复杂，读者可能会无法理解动作背后的情感含义，请大家务必留心。

进化版 爱情 → P24、不满 → P46、痛苦 → P241、欲望 → P277

挫 败 / 被征服、压制、击败

外部信号

· 下巴贴着胸口

· 双手无力

· 举双手投降

· 摇头，不敢直视对方

· 低头盯着双手或双脚

· 沉默寡言，不回答问题

· 在原地摇晃、失去平衡

· 无奈地表示同意

· 双臂无力地耷拉在身体两侧

· 发出长长的、低沉的叹息

· 声音变得模糊不清

· 栽跟头、扭伤膝盖

· 揉眼睛（为了不让别人看到自己流泪或眼睛很红）

· 后退，脸颊发烫

· 喉结一上一下（吞咽口水）

· 驼背、蜷起肩膀

· 垂头丧气，手放在身后或插在兜里

· 下巴微微颤抖

· 用双臂紧紧抱住自己的身体，以免瘫倒

· 无力的动作，沉闷的回答

· 空洞的眼神

· 身体陷进椅子，双手抱头

· 沙哑的声音

内部感觉

· 感觉到咽部血管的跳动

· 心脏在胸口沉重地跳动

· 痛苦地喘息，头晕目眩

· 胸口疼痛、麻木

· 嘴里有一股酸味

· 缺乏活力

· 眼底发烫，泪水溢出

· 感觉喉咙仿佛被堵住了

· 四肢沉重，感觉抬不起来

精神反应

· 想逃跑、独处

· 感到难为情

· 担心辜负周围人的期待、让大家失望

· 精神疲劳

体现强烈情感或长期性情感的信号

· 身体发抖或摇摆

· 泪流不止

· 恳求、央求

· 瘫坐在地

· 自我厌恶

体现受压抑情感的信号

· 摇头

· 虚张声势

· 试图保持眼神交流

· 要求再比试一场

· 反复说“不”

· 吼叫、咒骂

· 推卸责任

· 谴责别人作弊或比赛不公

· 扬起下巴

· 冷酷的眼神

· 在愤怒的驱使下采取行动

> **作家小贴士**
>
> 如果你想表现“人物比平时更为平静”的情感状态，不妨使用“对比”这一手法。比如,在这个人物旁边安排一个“情绪激动”的人物，就能突出他的平静了。

进化版 沮丧→P157、屈服→P217、屈辱→P221、羞耻→P258

担 心 / 身心不安、躁动

外部信号

· 摇头

· 双手或双脚时而交叉，时而松开

· 不断改变坐姿

· 拨弄、拉扯衣服

· 双手滑进口袋

· 在不转头的状态下，用眼角余光看

· 咋舌或发出哼声

· 侧身远离让人担心的事物

· 后退，让自己不被注意到

· 停住以便竖起耳朵仔细听

· 时不时瞥一眼让自己不安的来源（人、时钟或门），再将视线迅速移开

· 啃指甲、剥指甲根部的死皮

· 抿紧嘴唇、咬嘴唇

· 过度频繁地吞咽口水

· 声音颤抖

· 比平时更用力地拉扯衣服、整理仪容、扣好外套

· 用手指梳理或扎起头发

· 用刘海掩饰自己的表情

· 异常安静

· 清嗓子

· 皱眉

· 摆弄盘子里的食物

· 为了尽早离席而狼吞虎咽

· 试图避免自己受到关注（如将身体埋在椅子里、退出谈话）

· 不情愿地、缓缓地回头

· 紧紧抓住其他物件或是将它用作盾牌

· 不情愿地开口或接近别人

· 语气死板，说话断断续续

· 用脚跟敲打地面

· 频频打开手机查阅短信、看时间

· 摆弄饰品或小东西

· 正在摇晃的脚突然停住

· 蜷缩在椅子或沙发上

· 选择安全的等候场所

· 翻看杂志，但一个字都看不进去

· 为装出有自信的样子抬起下巴

· 故意用力活动四肢以达到放松的效果

· 舔嘴唇

· 双手握拳再松开

· 姿势僵硬

· 动作紧张（剥指甲油、轻声嘟囔）

· 双手发热、出汗

· 一刻都停不住（如涂唇蜜、给很多人发短信、翻手包）

内部感觉

· 感觉到轻微的寒意或身体打战

· 汗毛竖起

· 头皮刺痛

· 胃部抽搐

精神反应

· 感觉有人在监视自己

· 进行否认："没有任何问题""别小题大做"

· 紧张不安

· 不耐心

· 感觉时间过得很慢

· 高度警觉

体现强烈情感或长期性情感的信号

· 心神不定、坐不住

· 来回走

· 总是感觉"有什么地方不对劲"

· 觉得必须离开，却不知道为什么

· 重心在双脚间转移

· 感觉身体不舒服

· 装作没有察觉到大声的争吵或令人不快的情况

体现受压抑情感的信号

· 试图让呼吸平静下来

· 转动肩膀，试图缓解紧张的情绪

· 拼命想让自己冷静下来，导致视线飘忽不定

· 为恢复镇定离开

· 睁大眼睛

· 挤出一个转瞬即逝的笑容

· 十分谨慎，尽量不看对方

· 保持一定的距离

· 语速快

作家小贴士

为了让读者对某种情感产生更强烈的共鸣，我们不仅要描写人物的反应，还要用心去呈现“导致这种情感的原因”。

进化版 烦恼 → P88、害怕 → P106、紧张 → P146

担 忧 / 没有把握；觉得可能性不大

外部信号

· 眉头紧锁、露出严肃的表情

· 低头、扭头

· 回避眼神交流，抿紧嘴唇

· 拖着步子走

· 手插在兜里

· 清嗓子，用大拇指揉耳朵

· 道出心中的焦虑

· 反复检查自己的外表

· 拖延时间（如提出“研究一下其他选项”）

· 说话停顿，语句之间带着“呃……”或其他语气词

· 稍稍后退

· 在集体或活动中缩在角落

· 咬腮帮子

· 拒绝他人的帮助

· 撩头发，拉扯身上的衣服

· 笑容僵硬，犹豫地点头

· 低着头，摇摆身体，仿佛在观察地面

· 挑眉、歪头

· 吞咽口水的频率比平时高

· 左右摆头，仿佛在比较不同的观点或选项

· 手指相互敲击

· 轻轻握拳

· 发出深深的、沉重的叹息

· 噘嘴、耸肩

· 摇头

· 要求别人做出保证或解释

· 产生口角、提出疑问

· 列出可能造成的影响

· 搓后脖颈

· 摆弄戒指或衣服上的纽扣，避免与对方对视

· 闭眼，将一只手放在脸上

· 深吸一口气再呼出

· 巧妙地提出其他方案

· 犹豫（如不情愿地接过宣传册）

· 双臂交叉或跷二郎腿

内部感觉

· 胃部轻微不适、抽搐

精神反应

· 担心现状

· 提前考虑到可能出现的“连带损害”

· 探寻有无回避事态的方法

· 挖掘证据，以求对他人产生影响

· 希望或祈祷事情能顺利进行

体现强烈情感或长期性情感的信号

· 避免开口说话或明确表示同意

· 抬起眉毛，向伙伴使眼色，仿佛是在传递某种机密信息

· 因人们选择了效果较差的解决方案而退缩

体现受压抑情感的信号

· 在椅子上动来动去

· 对没把握的决定或立场表示同意或支持时发出咳嗽

· 装出有自信的样子（挺直后背、用中气十足的声音说话）

· 撒谎或误导他人

· 为“没有立刻同意”找借口

· 向周围人保证自己是忠诚的、愿意参与的

· 提出“由我代为处理这个问题吧”

· 拖延口头同意的时间

作家小贴士

引导你的人物经历“某种感情逐渐萌发”的场景时，千万别忘了给人物设置一些挫折与障碍。到达启迪之路的过程总是坎坷的，我们笔下的人物自然也不能免俗。

进化版 不相信 → P54、担心 → P73、烦恼 → P88

胆怯

/ 对即将面临或遭遇的重压极度恐惧；产生想逃避将要发生的某起事件或某种情况的强烈愿望

外部信号

· 捂住肚子，好像肚子很疼

· 双臂交叉于胸口

· 肩膀向前蜷缩，试图护住胸口

· 歪脖子

· 屈身或后退，远离造成不快的原因

· 慢吞吞地走

· 为离场找借口

· 声音轻，回答问题只用一句话

· 驼背、垂着头

· 双膝紧紧贴在一起

· 不敢直视对方

· 转动身体，护住关键部位

· 抬起肩膀，仿佛为了挡住脖子

· 出汗

· 身体微微摇摆

· 手抖

· 寻找昏暗而安全的位置，比如出口

· 夹住胳膊肘

· 用头发挡脸、低下头

· 尽量不引人注意

· 躲在角落靠着什么东西，或拿东西挡住自己

· 战栗、畏缩

· 脚步沉重

· 啜泣不止

· 频繁吞咽口水

· 交叉双臂挡住腹部，以保护躯体

· 搓手、扭手，旋转戒指或手镯

· 抓挠皮肤、抠或啃咬指甲

· 紧握能带来安全感的物品（如项链坠子、手机等）

· 手掌隔着裤子在腿上摩擦

· 用力咬住嘴唇或腮帮子，几乎咬出血来

· 脸色不佳，看上去不太舒服

内部感觉

· 感觉肚子里在翻滚

· 心跳迟缓沉重

· 发冷

· 手指冰凉

· 胸口刺痛

· 胸闷

· 呼吸困难

· 嘴里有一股酸味

· 喉咙深处有痛感

· 吞咽困难

· 头晕

· 四肢颤抖

精神反应

· 产生“想要逃避”的念头

· 想躲起来

· 希望时间过得快些

· 难以想象事情会有好结果

· 急于确认危险的存在，甚至都顾不上躲起来

体现强烈情感或长期性情感的信号

· 浑身发抖

· 被响声吓得跳起来

· 牙齿打战

· 流泪

· 找借口回避将要发生的事

· 呼吸急促

· 讨价还价、求情

· 焦虑发作

体现受压抑情感的信号

· 装出只是身体有点不舒服的样子

· 试图借助电视、书本、音乐等方式分散注意力

· 集中注意力，以免恐惧占了上风

· 身体静止不动

作家小贴士

在创作一部作品的过程中，维持感情变化幅度的全局视角很重要。有说服力的作品会穿插若干种与主人公的成长过程完全相符，且能形成鲜明对比的情感体验。

进化版 恐惧→P176、苦恼→P180

提 防 ／以注意、警戒为特征的不信任感；因可能产生的危险变得慎重

外部信号

· 歪头

· 困惑地眯起眼睛

· 噘嘴

· 眉毛低垂

· 视线扫向对方

· 举起双手，采取防御姿势

· 抚慰人心的平静语气

· 后退

· 随着对事态的理解，逐渐坐正

· 身体在回避对方，但眼睛却盯着对方

· 专注地倾听

· 抬起下巴

· 空出双手

· 记下可以使用的出口

· 留心身后的东西

· 提问，试图在事态恶化之前找到问题的根源

· 绕圈子，用拐弯抹角的方法接近某人或某物

· 慢慢的、谨慎的动作

· 为维持现状快速说话

· 在远处观察一段时间后再投身于事态之中

· 身体僵硬、无法动弹

· 不自然、绷紧的声音

· 被别人碰触时突然退缩

· 迟疑

· 咬嘴唇或抿紧嘴唇

· 试探性地凝视

· 慎重的口吻

· 皱眉

· 揉搓额头或太阳穴

· 咬牙切齿

· 做出严肃、庄重的表情

· 伸出下巴

· 对突如其来的动静很警惕

内部感觉

· 感觉肾上腺素飙升

· 脉搏和心跳加速

· 肌肉紧绷

· 倒抽气或呼吸暂停

· 直觉告诉自己“事情不对劲”（如寒毛直竖、皮肤刺痛）

精神反应

· 试图在脑海中辨别可能发生的危险

· 相信自己的直觉

· 感官变得敏锐

· 采取防守态势

· 绞尽脑汁，试图理解情况

· 感到困惑

· 无法全情投入任何事

· 更加敏锐的观察力

· 试图掌握全局

· 无法放松或露出笑容

· 预想接下来可能发生的事

体现强烈情感或长期性情感的信号

· 扩大自己的私人空间

· 寻找可以隔开自己与他人的地方（如站在桌子后面）

· 为了提供线索而争辩

· 环视四周，寻找能用作武器的物品

· 为了搞清对方的目的，故意提出已经知道答案的问题

体现受压抑情感的信号

· 表现冷淡、生分

· 看东西总是低着头

· 尝试开玩笑活跃气氛

· 做出暗示不快的姿势（如孤零零地站着，双手叉在腰间）

· 侧身

· 犹豫

作家小贴士

在刻画情感的时候，我们不妨参考自己的亲身经历。人物的经历可能与我们不完全相同，但我们也许在其他场合体会过类似的情感。深挖这段经历，让你笔下的故事更加生动鲜活吧。

进化版 猜疑→P62、担心→P73、害怕→P106、焦虑→P142

烦恼

/（主要针对事态的发展）产生担忧的情绪和精神上的困扰

外部信号

· 皱眉

· 咬嘴唇

· 捏起喉咙处的皮肤

· 抖腿或用脚轻拍地面

· 拉扯或用手指缠绕头发

· 走来走去

· 过量饮用咖啡和吸烟

· 黑眼圈

· 眉毛拧在一起

· 睡不着、辗转反侧

· 抛出过多的问题

· 抚摸、揉搓一侧的眉毛

· 衣服皱巴巴的，好像没洗过一样

· 双手在裤子上摩擦

· 头发平直稀疏，看起来像没洗过

· 与人交流很少

· 一遍遍揉脸

· 视线在房间各处游走，并不停留在一个人或一件物品上

· 紧紧依偎着爱人

· 深呼吸，好让自己平静下来

· 做无意义的事，让自己保持忙碌

· 打电话请病假

· 身体前倾、弯腰站立

· 为寻求安全感抓住毛衣、手袋、项链等物件

· 啃指甲，咬手指的关节

· 用僵硬的动作撩起头发

· 一遍遍捋平衣服的褶皱

· 双手紧紧相握

· 脖子酸痛、肌肉僵硬

· 眼神中带着痛苦，或眼中含泪

· 清嗓子

· 眨眼频率下降（唯恐在闭眼时错过什么）

· 坐立不安、坐不住

· 刚坐下就站起来，站起来没多久又坐下

内部感觉

· 食欲不振

· 胃部不适

· 胃部灼热或其他消化系统障碍

· 口干舌燥

· 喉咙收紧

精神反应

· 对自己的选择没有信心

· 不想离开某个特定的位置（电话旁、家里、车上）

· 注意力无法集中

· 想要控制局面

· 为自己过去的行为后悔

· 与人保持距离

· 过度解读、分析事物

· 预想最糟糕的情况

· 过度自我保护

· 易怒

体现强烈情感或长期性情感的信号

· 体重下降

· 过早白头

· 皱纹增加

· 学习成绩下滑、工作表现变差

· 溃疡

· 焦虑发作，恐慌

· 高血压

· 心脏病

· 免疫系统出问题，容易生病

· 失眠与疲劳

· 疑心病

体现受压抑情感的信号

· 偷偷看手表或房门

· 紧张不安

· 笑容僵硬、假笑

· 为了分散自己的注意力开拓新的兴趣爱好

· 装出一切都很顺利的样子

· 喜新厌旧

· 注意力减弱

· 逼自己哼歌或是唱出声，但唱不了多久就会停下

· 在心不在焉的状态下进行日常活动

作家小贴士

我们可以通过描写天气为场景增添质感，让其更加意味深长。想一想人物的心情会在天气的影响下产生怎样的变化吧。我们还能让天气妨碍人物达成目标，营造紧张的氛围。

进化版 胆怯 → P80、提防 → P84、害怕 → P106、焦虑 → P142
疑神疑鬼 → P266

防御

/ 抵抗攻击；保护自己不受危险、威胁所害

外部信号

· 后退

· 将身体转向与危险对象相反的方向

· 双臂交叉于胸前

· 姿势生硬

· 眯眼

· 眉头低垂

· 吸吮脸颊

· 摇头

· 语无伦次或呆若木鸡

· 用物件当盾牌挡住自己（如书、叠好的外套等）

· 目光不定

· 舔嘴唇

· 不停眨眼、瞪大眼睛

· 举起双手，手掌对着攻击者

· 死死盯着对方

· 烦躁地甩头发

· 嗤之以鼻，轻蔑地笑

· 嗓门慢慢变大

· 跷二郎腿

· 护住身体（转身调整朝向）

· 打岔

· 寻求周围人的支持

· 狠狠地呼气

· 转守为攻，口头攻击对方

· 推卸责任

· 哆嗦，瞬间往后缩

· 无法一字一句说清楚

· 张开五指，放在胸口靠上的位置

· 颈部酸痛、青筋暴起

· 收下巴

· 用食指指着对方，进行指控

· 讽刺对方

· 翻白眼

· 脸颊发红

· 大量出汗（一眼就能看出来）

· 把其他人拽进自己所处的局面，寻求支持

· 道出心中的失望或拒绝

· 在发生口角的过程中，语气变得愈发凶狠

· 动作僵硬，不像平时那样流畅

· 吞咽口水的次数过多

内部感觉

· 血压上升

· 心跳剧烈，甚至能听见自己的心跳声

· 口干舌燥

· 身体发烫

· 异常口渴

· 胃部紧张、僵硬

精神反应

· 为梳理事态而思维混乱

· 愤怒，感觉受到了打击

· 感觉遭到了背叛

· 仔细搜寻记忆，寻找证据（为了证明自己是无辜的，或为了反驳他人的指控）

体现强烈情感或长期性情感的信号

· 偷瞄出口、逃跑（逃避反应）

· 喊叫

· 针对谴责自己的人，说出自己过去予以的帮助，或重提在危急时刻出手相救的旧事

· 戳对方的痛处

· 扩大自己的私人空间

· 气势汹汹地冲出门

体现受压抑情感的信号

· 用平静的口吻说话

· 假笑

· 故作镇定

· 换话题

· 拒绝（如耸肩、发出假惺惺的笑声）

· 冷静地宣布“我不需要证明任何事”

· 很不舒服却留在原地不动

· 不感情用事，而是试图通过摆事实说服

作家小贴士

我们必须谨慎选择“设定”。每一个地点，都应该对你的主要人物有某种象征意义，对要在该场景刻画的情感产生一定的效果（无论这种情感是积极的还是消极的）。

进化版 愤怒 → P96、害怕 → P106

愤 怒 ／强烈的不满或怒气（往往在察觉到某事的异样之后）

外部信号

· 鼻孔张大

· 出汗

· 挺胸叉腰

· 大手一挥

· 粗暴地对待人或物品

· 扬起下巴

· 喘粗气

· 双腿开立

· 龇牙咧嘴

· 重复有攻击性的动作（如挥拳头）

· 打断别人的话

· 头部忽动忽停

· 瞪大眼睛，仿佛眼珠都要掉出来了

· 活动手指或手臂的筋骨

· 弄响手指的关节

· 撩起袖子，解开领口

· 冷淡、凶狠或冷酷的眼神

· 入侵对方的私人空间，以达到威吓的目的

· 嘲讽、责问、开尖酸刻薄的玩笑

· 视线呆滞、表情僵硬
· 瞪眼
· 面部发红
· 紧抿双唇、歪嘴
· 封闭性的身体姿势（如胳膊交叉于胸前）
· 紧握拳头，指甲嵌入掌心
· 用拳头击打大腿、桌面、墙壁等
· 用力关门、餐具柜或抽屉
· 对东西拳打脚踢，或是摔砸东西
· 跺脚、用力踩踏地面
· 青筋跳动、抽搐、血管充血
· 发出刺耳的笑声
· 声音颤抖、嗓门变大、怒吼
· 音调变强
· 冷嘲热讽，侮辱对方
· 挑衅（口头或肢体上）
· 厉声呵斥别人

内部感觉

· 咬牙切齿
· 抽搐
· 脉搏加快，心怦怦跳
· 紧张之感扫过全身
· 身体发烫
· 出汗

精神反应

· 易怒

· 不听别人说话

· 急于得出结论

· 对鸡毛蒜皮的小事做出不理性的反应

· 要求他人立刻采取行动

· 行动急躁

· 采取不恰当的行为，甚至冒险

· 想要诉诸暴力

体现强烈情感或长期性情感的信号

· 一点小事也会爆发怒气

· 溃疡

· 高血压

· 湿疹、痤疮等皮肤问题

· 毁坏、弄伤自己的物品

· 经历手术、事故和其他心理创伤后恢复时间变长

· 自残

· 路怒症

· 对无辜的旁观者发火

体现受压抑情感的信号

· 用小心、谨慎、克制的口吻说话

· 慢慢调整呼吸，呼气

· 假笑

· 带有被动攻击性的口吻

· 回避眼神交流

· 背对让自己愤怒的对象

· 退出谈话

· 把手脚藏起来，以免周围的人发现自己攥紧拳头，或双脚抽动

· 离场片刻

· 头痛

· 肌肉或下巴痛

作家小贴士

在刻画造成某种情感反应的事件时，请大家多加注意：要是引出这起事件的情节太刻意，人物的反应也会显得很不自然。

进化版 盛怒 → P229

感 谢 / 感激、感恩、赞美

外部信号

· 眼睛深处充满光芒，眼神柔和
· 紧握对方的手掌或手臂
· 用轻轻握住的拳头轻敲胸口（心脏所在的位置）
· 把手放在胸口
· 流泪
· 先把手放在胸口，然后指向要感谢的人或集体
· 面带微笑，手指点在嘴唇上
· 反复表达心中的感谢
· 久久握住他人的手（超出必要的时间）
· 拥抱，表达爱意
· 在握手时轻轻捏住对方的手
· 露出发自内心的笑容，表情明朗
· 持续的眼神交流
· 张开双手的手掌
· 说出“谢谢你”之类的话语
· 进入对方的私人空间，靠近对方
· 用双手摆出“尖塔”的形状，按在嘴唇上
· 称赞对方
· 声音充满情感

· 轻触对方

· 把手放在对方的后背或肩膀上

· 两眼放光地点头

· 赠送礼物，帮助对方或向对方表达感激之情

· 仰望天空，高举双手

· 夸奖对方

· 用力拍手

· 身体前倾

· 挥手

· 向对方敬礼

· 仰头，闭眼片刻

· 鞠躬或行屈膝礼

· 飞吻

· 挥手致谢

内部感觉

· 四肢被暖意包裹

· 全身放松

· 能感觉到胸口的起伏

· 感觉整颗心都被填满了

· 脸被舒适的温热感包裹

· 膝盖发软

精神反应

· 渴望回报他人的善意和援助

· 受到了正能量的震撼

· 想喝酒庆祝，一直记住这份心情

体现强烈情感或长期性情感的信号

· 崇拜

· 跪倒在地

· 渴望做任何事情来报答对方

· 喜极而泣

· 感觉到人与人之间的紧密联系与爱意

体现受压抑情感的信号

· 闭眼

· 缩头以掩饰自己的表情

· 回避眼神交流

· 迅速一瞥，暗示心中的感激

· 转移注意力或换话题

作家小贴士

人物的情感反应、前进路上的拦路虎、为接下来要发生的事提供线索的对话……无论描写怎样的场面，我们都要尽可能穿插一些能让读者出乎意料的东西。

进化版 满足 → P188、平静 → P207、幸福 → P251、兴高采烈 → P255

孤 独 / 孤立感或与世隔绝的心情

外部信号

· 渴望的眼神

· 不关心自己的外表（如穿衣随便、头发没有光泽）

· 垂头丧气、姿势慵懒

· 语气平静、毫无波澜

· 在人前低着头走路

· 不动声色地窥视人们的神态

· 面无表情、脸上没有笑意

· 闷闷不乐

· 出手大方来讨好他人

· 暗中观察别人或偷听别人说话，试图参与其中

· 用工作或志愿者活动将日程填得满满当当，不留任何空隙

· 借助书本、网络、电视等工具逃避现实

· 看到别人卿卿我我，露出吃了苍蝇似的表情

· 抱紧自己

· 不与人对视

· 虚张声势

· 流泪、悲伤

· 深深地叹息

· 自言自语

· 看到满满当当的收件箱备感安慰（即便都是垃圾邮件）
· 抚摸自己的身体（如抚摸裸露在外的胳膊，仿佛代替他人的触摸）
· 为吸引他人的注意，穿鲜艳或怪异的服装
· 对邻居、宠物等表现出特别的关爱
· 为了感觉到自己和他人是有联系的，和陌生人搭话
· 享受和他人（如邮递员）谈话、交流的机会
· 和人聊天的时候聊得漫无边际
· 坚持每天做同样的事（如吃同样的东西、去同一个公园）
· 通过另一个自己或虚拟化身活出别样的人生（如社交网络、游戏）

内部感觉

· 嗓子被堵住了一般，几乎快要流泪
· 由于内心的渴望过于强烈而苦恼甚至心痛
· 失眠
· 疲劳

精神反应

· 避开人群、大型活动或社交场合
· 渴望归属感，渴望被需要
· 愤怒、痛苦
· 对“想要建立关系的人”浮想联翩
· 认为自己没有价值

体现强烈情感或长期性情感的信号

· 怀疑自己、丧失自信

· 体重上升

· 认定自己丑陋、缺乏人格魅力

· 泪流不止

· 放弃改变自己

· 高血压

· 有工作狂的倾向

· 通过进食、饮酒、购物、赌博等途径填补心中的空白

· 养许多宠物

· 有自杀倾向

体现受压抑情感的信号

· 一旦有人对自己表现出兴趣，就立刻对对方有好感

· 相较于独处，更倾向于选择消极的人际关系

· 表现得太热情，给对方留下“极端”的印象

· 频繁给家人朋友打电话

·单独行动的时候也表现出“与人接触”的渴望（如站在阳台上凝视路人）

> **作家小贴士**
>
> 对动作的描写绝不能是“随机”的。人物的每一个动作都有明确的目的，也许是为了达成目标，也许是为了呈现感情，也许是为了突出人物的个性……

进化版 悲伤→P32、沮丧→P157、屈服→P217、痛苦→P241

害怕 /担心；惧怕威胁与危险

外部信号

· 面无血色、脸色铁青

· 汗毛竖起

· 有体味、出冷汗

· 手上黏黏的

· 嘴唇、下巴颤抖

· 颈部肌腱凸出，能清楚地看到血管的跳动

· 手肘紧贴身体两侧，尽量缩小自己的身形

· 感觉被钉在了自己所在的位置上

· 快速眨眼

· 肩膀僵硬

· 眼睛瞪得很大，却无法“看到”眼前的情况，闭眼或哭泣

· 将双手塞进腋下或紧紧抱住自己

· 喘粗气

· 腿部肌肉紧张，随时准备逃跑

· 环视四周，重点确认背后的情况

· 嗓音尖锐

· 低声呢喃

· 把后背贴在墙壁或转角处

· 难以自控地颤抖

· 紧紧抓住某样物品，直至手指关节发白

· 在膝盖僵直的状态下行走

· 嘴唇湿润、额头冒汗

· 抓住对方

· 眼睛湿润，闪着异样的光

· 支支吾吾、说错话、声音颤抖

· 一惊一乍、扭扭捏捏

· 舔嘴唇，将水一口饮尽

· 冲刺、奔跑

· 扶额、擦汗

· 倒抽气，艰难地呼气，好像很痛苦的样子

· 抽泣不止

· 向对方乞求

· 被响声吓得一哆嗦

内部感觉

· 无法说话

· 四肢颤抖

· 强忍着呼喊和流泪的冲动

· 心脏狂跳，几乎要炸开

· 头晕，双腿和膝盖不住发抖

· 产生尿意

· 胸口疼痛

· 屏住呼吸以保持安静

· 感觉胃跟石头一样硬

· 对别人的触碰和声音敏感
· 肾上腺素飙升

精神反应

· 想逃跑或躲起来
· 感觉事态发展得太快，跟不上
· 可能出现的事态在脑海中闪过
· 做出错误的推理
· 在没有深入思考的状态下采取行动
· 对时间的感觉出现偏差

体现强烈情感或长期性情感的信号

· 难以控制地颤抖、晕厥
· 失眠
· 心脏衰弱
· 恐慌发作、患上恐惧症
· 疲劳
· 抑郁
· 滥用药物
· 回避与他人的接触
· 抽搐（如表情扭曲、头部抽搐、自言自语）
· 用亢奋状态抵抗痛楚

体现受压抑情感的信号

· 保持沉默

· 分散注意力或改变话题，拒绝接受让自己害怕的事

· 远离使自己感到害怕的事物

· 努力用轻松的语气说话

· 含泪挤出笑容

· 用其他情感（愤怒、失意）掩饰害怕

· 虚张声势

· 不停地做同一个动作（啃指甲、咬嘴唇、抓挠皮肤）

· 用开玩笑的口吻说话，但声音比平时尖

作家小贴士

用心渲染人物即将出场时的场景氛围，能让读者毫不费力地与人物共享情感体验。如果你刻画的人物非常焦虑，那么读者们也会有同样的感受。

进化版 胆怯 → P80、愤怒 → P96、恐惧 → P176、疑神疑鬼 → P266

好 奇 /喜欢打听；渴望获得知识

外部信号

· 歪头、挑眉

· 探出身子

· 笑容在脸上慢慢出现，用疑问语气重复对方说的话

· 探出身子，把椅子往对方那边挪

· 为了检查而暂停做某事

· 眉头蹙起又舒展开来

· 眨眼

· 目不转睛地盯着看

· 从随意的对话切换至具体的问题

· 声音或语调中透露着好奇心

· 边观察边将双臂交叉于胸前

· 刺探、窥探

· 皱鼻子

· 在假设的基础上提问

· 缓缓碰触

· 为集中注意力听而停住（如突然站住、插着食物的叉子停在半空中）

· 竖起耳朵，用“嘘”声让大家安静下来

· 偷听

· 一手扶着另一只胳膊的肘部，另一只手的手指轻轻拍打嘴唇

· 把眼镜往上推

· 为靠近某事物而弯腰、跪下或下蹲

· 将身体转向好奇的对象

· 蹑手蹑脚、缓缓靠近

· 把注意力集中在各种感官上（如为了搞清第一次闻到的味道是什么而反复闻）

· 用话语表示感兴趣：“哇！快看那个！”“多棒啊！”

· 提出各种问题（谁、发生了什么、什么时候、哪里、为什么）

· 拉扯别人的袖子，让他加入自己所在的集体，或是让对方把自己纳入他们的团体

· 为方便仔细观察而保持不动

· 嘴唇微张或缓缓点头

· 轻戳好奇的对象

内部感觉

· 气喘、呼吸骤停

· 心跳加速

精神反应

· 想要知道、碰触、了解某事物

· 忘记自己要说什么或要做什么

· 产生为追求新鲜而绕远路的冲动

· 忧虑、紧张或行为的暂时中断

· 想要调查或尝试某件事

· 感官变得敏感

· 对好奇对象产生疑问或兴趣，如“它怎么运转的？”“它为什么会在那儿？”

体现强烈情感或长期性情感的信号

· 烦躁、出现抽搐症状

· 对好奇对象变得非常敏感

· 强迫性地思考某件事

· 提出尖锐或冒犯的问题

· 为满足好奇心四处打探消息

体现受压抑情感的信号

· 视线朝下，双手放在膝头

· 不正视对方

· 为了逗留更长时间或接近好奇对象而找借口

· 装出无视或没有察觉到的样子

· 用眼角余光偷看

· 用头发遮挡住自己好奇的目光

· 装出很无聊的样子

> **作家小贴士**
>
> 气味有唤起回忆的功效。我们可以充分利用这一点，在场景中融入关于嗅觉的描写。这样能让读者身临其境、感同身受。

进化版 惊叹→P150、渴望→P172、矛盾→P191

后 悔 /因自己无法控制或挽回某事而感到悲哀

外部信号

· 用一只手揉搓整张脸

· 将一只手放在胸口

· 深深地叹息

· 撇嘴

· 弯腰驼背

· 感到手臂沉重、肩膀耷拉着

· 道歉

· 试图说服或解释

· 皱眉

· 表情痛苦

· 双手耷拉在身体两侧

· 盯着自己的脚

· 双手掩面

· 紧闭双眼

· 抬起双手，然后无力地放下

· 闭着眼睛，捏住鼻梁

· 表情阴郁，愁眉苦脸

· 抚摸胸口，仿佛胸口很痛

·（出于羞愧）回避受害者

· 寻求和解（下决心将事情掰回正轨）

· 为自己的行为或选择自责

· 搞不清对话的主线

· 用头发遮挡面部

· 摇头

· 声音无力

· 说话断断续续，音量越来越小

· 发出“啧啧”的声音，或低声嘟囔表示遗憾：“多么遗憾啊……”

· 询问事态对周围产生的影响：“她是怎么看待这个消息的？”

· 急于推翻自己说过的话或做过的事

· 与周围保持距离

· 努力在社交场合不引人注目

· 贬低自己

内部感觉

· 胃部绞痛

· 失眠

· 无法吸足一口气

· 胃部紧张

· 食欲不振

· 胸口隐隐作痛，感觉很沉重

精神反应

· 憎恶自己

· 认为自己应该受罪或接受审判

· 执着于使自己感到后悔的人或事

· 回忆过去发生的事

· 封闭自己

· 试图忘记某件事

· 不想受到任何人的关注

· 注意力涣散

· 希望某件事从没有发生过

体现强烈情感或长期性情感的信号

· 忽视自己的身体状况

· 体重下降

· 脱离社会

· 离开俱乐部或团队

· 无法再通过爱好和消遣获得快乐

· 试图通过其他人际关系进行过度补偿

· 哭泣、呜咽

· 自毁行为

· 依赖药物或酒精

· 不安全的性行为

· 陷入一段虐待关系

· 一系列的关系破裂

· 溃疡

· 无法与他人构建亲密关系

· 无法原谅自己

体现受压抑情感的信号

· 想方设法构建新的人际关系

· 为了吸引他人的注意，就自己的业绩侃侃而谈

· 决心重新开始，做出重大改变（如跳槽、搬家）

· 装出很受欢迎的样子

· 强颜欢笑

作家小贴士

多留意不知不觉中反复使用的词句。“绿色”一词出现的频率是不是太高了？不同的场景中是不是有同样的声音描写（如“树叶在风中沙沙作响”）？为了避免同一种表现手法的过度使用，请大家对这样的细节做好记录。

进化版 不满 → P46、沮丧 → P157、羞耻 → P258

怀念 / 渴望回到过去的某个时期或某种状态

外部信号

· 视线飘忽不定

· 淡淡的微笑

· 缓缓翻动相簿，同时手指轻抚页面

· 姿势放松

· 眼中噙满泪水

· 用平静的声音说话

· 将头歪向一侧

· 发出克制的笑声

· 轻声叹息

· 步伐缓慢

· 手轻抚心口

· 懒散地坐在沙发上看老电影

· 动作缓慢、慵懒

· 回忆被勾起时（比如听到收音机里传出的老歌）变得激动

· 在回忆起过去的同时两眼放光

· 保留象征幸福时光的物品

· 一遍遍讲述过去的故事

· 寻找和自己有同样经历的人

· 温柔地触摸象征回忆的物品（如婴儿用的毯子、婚礼的请帖）

· 闭上眼睛，试图让回忆变得更清晰

· 试图再现当时的情景（如点燃有同样香味的蜡烛、穿旧衣服）

· 寻找现在与过去的交叉点："你跟他长得一模一样""我们买的第一辆车也是这个颜色"

· 更温柔地对待与自己共享过往经历的人（如紧挨着坐、见面时轻吻）

内部感觉

· 泪水刺痛双眼

· 兴奋得肠胃翻动

· 全身放松

· 在追忆过去的同时呼吸变慢

· 感觉变得迟钝（下意识地采用了不自然的坐姿）

· 再次经历在过去的事件中体验过的感觉（但程度较浅）

精神反应

· 在回忆时忘却时间流逝

· 渴望穿越时空回到过去

· 在心中再现当时的场景

· 过去经历的事件虽然带来了损失与痛楚，但是拥有这段经历依然让人满足

体现强烈情感或长期性情感的信号

· 对现状不满

· 相较于现在，对过去表现出更多的感情

· 用大量的时间追忆过去

· 倾向于囤积物品

· 忽视现在应该做的事以及与他人的关系

· 止步不前

· 抑郁

体现受压抑情感的信号

· 不允许自己保留纪念品

· 强忍泪水

· 回避追忆过往的机会（如聚会、去住过的老房子或故乡）

· 不加入讨论过去的谈话

· 为自己的怀旧寻找实用性的借口："他的玩具我都留着呢，以后能给孙子玩。"

作家小贴士

介绍和描述人物的时候，最好不要对人物细节做太多描写。除了故事的主要情节或对人物性格发展极为重要的特征，其他细节还是让读者去想象吧。

进化版 悲伤 → P32、沮丧 → P157、幸福 → P251

怀 疑 /疑虑、疑惑

外部信号

· 若有所思、抿紧双唇

· 歪着头不动

· 摇头

· 嘴唇抿成一条线

· 挑眉

· 清嗓子

· 摆弄佩戴的首饰或其他物件

· 耸肩

· 带着严肃的表情点头，以示自己并不完全赞成

· 摆出挑衅的姿势

· 冷笑或翻白眼

· 摆手，仿佛是在赶人或驳回对方的观点

· 要求对方给出支持观点的证据或证词

· 列出可能产生的结果

· 委婉地说出反对意见

· 露出傲慢的微笑

· 嘟囔否定意见：“我不这么觉得……”“这样肯定是不行的……”

· 焦躁不安（如走来走去、手指轻敲桌面、不停地看钟）

· 表情僵硬

· 姿势僵硬

· 不敢正视对方、挠后脖颈

· 眯眼

· 咬住嘴唇

· 和人聊八卦时贬低怀疑对象的选择或点子

· 诽谤、中伤

· 舔嘴唇

· 说话吞吞吐吐，支支吾吾

· 搬出过去发生过的类似事件（不成功的例子）

· 列举所有可能导致失败的因素

· 故意抖动身体

· 咬指甲

· 深深地叹息

· 离场

· 手指敲打桌面，试图将话题拉回重点

· 提出问题："你确定？""如果……呢？"

· 扬起下巴

· 默默凝视对方

· 皱起鼻头，仿佛闻到臭味

· 通过鼻子快速呼气，发出鼻息声

内部感觉

· 胸闷

· 心跳加速、脉搏加快

· 肌肉紧张

· 肾上腺素飙升，刺激大脑采取行动

精神反应

· 悲观

· 犹疑

· 聚焦逻辑层面或物理层面的缺点

· 想改变对方的想法或立场

· 想与和自己持有同样见解的人在一起

体现强烈情感或长期性情感的信号

· 愤怒

· 不满

· 消极的怀疑态度表现得更明显

· 寻找败坏对方名誉的方法

· 渴望让对方闭嘴

· 在脑中设想可能发生的争论

· 不相信周围的人，觉得他们都看不清事情的真相

· 积极做周围人的思想工作，让大家和自己持有相同的意见

· 爱与人辩论

体现受压抑情感的信号

· 试图保持中立的表情

· 慢吞吞地走路

· 瞪大眼睛，但很快恢复原状

· 为“没有立刻表示支持”而道歉

· 坐着不动，双手紧紧相握，装出关注、感兴趣的样子

· 态度模棱两可："这个点子挺有意思的嘛""这个可以考虑考虑"

· 为了得出明确的结论，让他人重新审视利弊

· 提议先做个实验试一试

· 要求对方给自己更多时间仔细考虑

· 提议"可能需要进一步的思考或调查"

作家小贴士

别让你的主人公轻易取得成功。打倒他们，给他们设置重重关卡，让成功看似遥不可及。如此一来，当主人公克服艰难困苦时，读者才会印象深刻。

进化版 鄙夷 → P36、不确定 → P50、猜疑 → P62、屈服 → P217

慌 张 /手足无措、惊慌失措、焦虑

外部信号

· 脸红

· 脸颊、下巴、额头因汗水发亮

· 手抖

· 揉搓后脖颈

· 拍打口袋或仔细检查钱包，寻找丢失的物品

· 由于太心急，导致动作变得笨拙（如打翻物品、撞到桌子等）

· 视线飘忽不定，坐不住

· 看也不看就把东西推或塞进某处

· 行为举止突兀（导致椅子翻倒或椅子腿与地面摩擦发出巨响）

· 摆手

· 倒霉事不断（如腰部猛地撞到桌角）

· 反复用手拨弄头发

· 忘记要说什么，思路混乱

· 收回心急时说的话

· 整理身上的衣物

· 回避眼神交流

· 声音发抖

· 不知道该看哪里、去哪里

· 保护自己的私人空间

· 回答或做出反应的速度较慢

· 清嗓子

· 使用太多“呃……”“唔……”等体现迟疑的词语

· 背对别人

· 喉结一上一下

· 来回走

· 嗓子发出怪声

· 嘴唇快速抖动，寻找合适的措辞

· 被人碰触时闪避

· 对他人的赞美不为所动

· 给自己扇风

· 解开衬衫的第一颗纽扣

· 用力拉拽领带、衬衫的领子或围巾

内部感觉

· 唾液过量分泌，感到极度兴奋

· 脖颈处的毛发僵直

· 头晕

· 呼吸变得急促、困难

· 出汗

· 因出汗导致皮肤发麻

精神反应

· 极度烦躁，导致大脑一片空白

· 频频犯错

· 养成敷衍撒谎、找借口的习惯

· 对自己因紧张而僵硬感到窝火

· 想搞清让自己不快的原因

· 反复暗示自己要冷静、放松

体现强烈情感或长期性情感的信号

· 逃避反应（如寻找退路、试图逃离房间等）

· 厉声斥责他人，使用攻击性的语调

· 疯狂寻找东西，弄得满地都是纸张或文件

体现受压抑情感的信号

· 换话题

· 找借口

· 为活跃气氛开玩笑

· 为回避造成慌张的原因，让自己一直处于忙碌的状态

· 想办法让周围人把注意力放在其他人身上，不要关注自己

> **作家小贴士**
>
> 无论何时，“期限”都有推动情感的作用。例如，在人物急着完成某项任务或满足某人的要求时，他可能会忙中出错，引出更精彩的情感大戏。

进化版 不满→P46、愤怒→P96、焦虑→P142、恼怒→P203

混 乱 /困惑、不知如何是好

外部信号

· 难以完成任务

· 做事笨手笨脚

· 使用“呃……”“唔……”等体现犹豫的字眼

· 面部扭曲

· 吞咽口水的次数过多

· 挠脸颊或太阳穴

· 摸下巴

· 以疑问语气重复对方说的话

· 触摸脖子的根部

· 掌心朝上，耸肩

· 用不确定的语气说话

· 难以找到合适的措辞

· 无法保持原本的姿势，瘫软在地

· 歪着头，噘嘴

· 眯眼

· 支支吾吾

· 头稍稍往后仰

· 声音越来越小

· 撩头发

· 眉毛拧在一起

· 拉拽耳朵

· 让对方把刚说的话重复一遍

· 眼神忧郁，看向远方

· 搓额头、眉毛

· 提许多问题

· 皱眉、蹙额

· 咬嘴唇

· 快速眨眼

· 用双手碰触嘴或脸

· 环视四周，仿佛在寻求答案

· 离席，在周边游荡片刻后再回来

· 为整理思绪背过身去

· 轻轻摇头

· 张开嘴却说不出话来

· 鼓起腮帮子，然后呼气

· 面无表情、双眼无神

· 盯着地面看

· 向对方求证：“你确定？”

· 用拳头敲打嘴唇

· 用舌头顶住口腔内侧

· 搓手

内部感觉

· 体温上升

· 胃里翻江倒海

· 胸口像是被勒住了一样

· 出汗

· 浑身发烫

精神反应

· 思维停滞

· 期望出现阻碍，以拖延做出回答的时间

· 为寻求答案，头脑全速运转

体现强烈情感或长期性情感的信号

· 出现逃避反应

· 考试不合格

· 迟迟无法完成任务，失误多，失去他人的信赖

· 违背或无法实现诺言

· 工作效率低下

· 失去自尊心

体现受压抑情感的信号

· 为了不引人注意点头或表示赞同

· 摆手

· 装出有自信的样子

· 向他人保证“一切都很顺利”

· 微笑着点头

· 做出让人安心的动作（如拍后背或肩膀）

· 坐立不安

· 把对话引向其他话题

· 突然变得繁忙、活跃

· 向他人做出承诺

· 突然对其他事情表现出兴趣

· 大量出汗（旁人能看出来）

· 为拖延时间使用“补白性词语”（如“呃……”“嗯……”）

作家小贴士

情感体验及其表现方法是男女有别的。在刻画和自己性别不同的人物时，不妨征求他人的意见，以确保人物的反应、思路和感受足够真实。

进化版 不安全感 → P39、不满 → P46、不知所措 → P58、屈服 → P217

激 动 /因被注入活力或受到刺激，忍不住采取行动

外部信号

· 笑容满面，两眼放光

· 发出笑声

· 单脚跳或两脚交替点地

· 发出尖叫、喊叫或吼叫

· 开玩笑

· 和别人迎面撞来撞去

· 说话声音大

· 唱歌、哼歌、反复有节奏地咏唱

· 在比赛或活动结束后，用灌篮的动作扔垃圾

· 和许多人聚在一起，聊个不停

· 给自己扇风

· 装出晕厥的样子

· 直截了当地说出自己的想法和感情

· 举起别人或抱着别人旋转

· 浑身颤抖

· 做出亢奋、幼稚、愚蠢的举动（因为觉得这样好玩）

· 脸红

· 坐不住，到处跑

· 温柔地推搡对方

· 挥动双臂，动作幅度很大

· 用脚有节奏地敲打地面

· 拥抱别人，抓住别人的手臂

· 撞肩膀

· 踮脚或跳起

· 打电话或发短信来分享好消息，传递激动之情

· 用极快的语速说话，头和头凑得很近，仿佛在聊八卦

· 发出嘶哑的笑声

· 傻笑

· 友好的要求："告诉我呀！""给我看嘛！""一起去吧！"

· 身体动个不停（如点头、上下摆头、走"之"字形、来回走）

· 步伐有力、步频高、精神抖擞

· 自信地和他人进行眼神交流

· 对朋友、爱人表达心中的爱意

内部感觉

· 如释重负

· 心跳加速，口干舌燥

· 感官变得敏锐

· 气喘，感觉肾上腺素在体内奔流

精神反应

· 与他人建立深厚的情谊

· 想象可能发生的事

· 享受团队合作的过程

· 急躁

体现强烈情感或长期性情感的信号

· 产生想要奔跑、跳跃、喊叫、吼叫的冲动

· 渴望与别人分享这份心情

· 笑容满面

· 心怦怦跳、出汗

· 声音因尖叫、喊叫或吼叫变得嘶哑

· 无法控制自己

体现受压抑情感的信号

· 故意克制自己的动作

· 忍住不笑，把笑声或欢呼吞回肚子里

· 内心雀跃不已

· 抚平衣服

· 眼底放光

· 用点头代替说话

作家小贴士

要是在描写情感时遇到了困难，不妨在脑海中想象一下那个场面，并让它进一步展开，再仔细观察人物的行为举止。

进化版 满足 → P188、失望 → P233、幸福 → P251、兴高采烈 → P255

急躁 / 烦躁不安、性急；渴望变化、安慰或喜悦快速降临

外部信号

· 抬起眉毛
· 双手叉腰
· 怒视
· 仰头望天
· 双臂交叉于胸前
· 站姿或坐姿僵硬
· 单脚拍打地面
· 双手相扣
· 噘嘴
· 摆弄袖口或饰品
· 反复看钟
· 来回走
· 咬紧牙关、扬起下巴
· 用指甲轻敲桌面
· 坐不住、动来动去
· 眯起眼睛，集中注意力
· 打扰别人、介入谈话
· 在别人说话的时候抿紧嘴唇
· 因各种响声恼火，心神不宁（如较响的呼吸声、按笔的响声）

· 皱眉

· 语气尖锐

· 按摩太阳穴，显得很疲倦

· 捏住鼻梁，紧紧闭上眼睛

· 将注意力迅速转向传来的声响或动静

· 盯着门看

· 轻声抱怨：“他在哪儿？”“怎么这么慢！”

· 咬牙切齿

· 哭嚷、咕哝、噘嘴（一般出现在幼儿身上）

· 长叹

· 动来动去（坐下来又站起来，换一张椅子坐下）

· 摆弄物件（如转杯子、掰回形针）

· 一边嘟囔一边摇头

· 抬头看着天花板，发出深深的叹息

· 放下又跷起二郎腿

· 面部、肩膀、颈部紧张

· 用身体轻轻推搡、挡住对方（入侵他人空间）

· 反复撩头发

· 掩饰怒火或轻微地讽刺

内部感觉

· 呼吸慢慢变深、变重

· 体温上升

· 感觉精疲力竭，身体已逼近极限

· 头痛

精神反应

· 在心里狠狠责骂让自己浪费时间的人或事

· 祈求时间过得快一点

· 寻找效率更高、速度更快的做事方法

· 将注意力转移到其他事情上

· 反复暗示自己不要发火

体现强烈情感或长期性情感的信号

· 猛拍桌子

· 大声命令、怒吼

· 打断别人

· 抢走别人的项目或任务

· 要求说话人“说快点、说重点”

· 为了让事情朝更好的方向发展而转移焦点

· 设定期限

· 提出要求

· 用身体攻击别人（如推、撞）

体现受压抑情感的信号

· 笑容僵硬

· 散步

· 做些杂事或完成某项任务

· 分散自己的注意力，以保持耐心

· 为分散注意力摆弄钱包或口袋里的东西

· 反复打开手机，查看是否有新的短信

· 关注自己的外表（掸去线头、检查指甲）

作家小贴士

绝不能让读者注意到刻意的写作痕迹。换言之，使用过多的暗喻、明喻、说明性术语和相同的肢体语言，会导致读者难以全情投入。

进化版 鄙夷 → P36、不满 → P46、愤怒 → P96、生气 → P225

嫉 妒 /对竞争对手或可能获益的人抱有敌对心

外部信号

· 表情沮丧

· 喉咙里发出呻吟或不爽的声音

· 看到周围人对竞争对手产生的反应之后感到苦涩

· 动作迅速、机敏（如擦去滑过脸颊的泪水、撩开眼睛旁边的头发）

· 噘嘴或抿紧嘴唇

· 双臂交叉于胸前

· 咬紧牙关

· 轻声嘟囔坏话

· 传八卦、散布流言

· 为了彰显自己的力量或支配能力而欺负弱者

· 嘲笑

· 发出令人不快的笑声

· 侮辱、辱骂

· 握拳，靠近一步

· 脸颊明显发红

· 表情扭曲

· 肌肉僵硬

· 模仿竞争对手的动作

· 试图与对手拉开差距

· 将有风险的挑战甩给对手

· 批判对手

· 朝对手所在的方向吐口水

· 咒骂

· 踢踹附近的东西

· 炫耀、卖弄

· 采取能吸引旁人注意的行动、进行恶作剧

· 态度粗鲁，说卑劣的话攻击对方

· 举止鲁莽

· 在竞争对手气馁、示弱时幸灾乐祸

内部感觉

· 胸口或胃部有烧灼感

· 胃部有被勒紧的感觉

· 气喘、呼吸急促

· 视野中出现斑点或闪光点

· 咬紧牙关直至下巴产生痛感

精神反应

· 渴望告诉大家“竞争对手多么没有价值”

· 仓促做出决定（如退出团队、冲出会场）

· 一有人提到竞争对手，心中就会有怒气涌动

· 渴望拉低对手的口碑、夺走他的力量

· 巴不得对手遭遇不幸

· 渴望报复对手

· 因心中充满负面情感而混乱

· 只聚焦于对手的缺点

· 站在同行的角度比较自己和对手

体现强烈情感或长期性情感的信号

· 嘲讽、批判、欺负

· 挑衅

· 对竞争对手过于执着

· 频频做出轻度犯罪的行为（如锁住对手的车）

· 为发泄情感采取自残行为

· 长期的消极思维对日常生活产生了负面影响

· 怀疑自己、丧失自信

· 处于一段消极、有被动攻击性、互相批判的关系中

· 长期处于“表里不一”的状态，感觉自己很假

· 对自己和他人采取不诚实的态度

· 形成“试图站在别人的角度攻击对手”的行为模式

体现受压抑情感的信号

· 在对手面前表现得很平常，却在背地里说他的坏话

· 暗中凝视对手

· 无论什么事情都力争胜过对方

· 和与自己一样能力不够突出的人为伍

· 讨好对方，保持良好的关系，以求获得认可

· 试图不关注竞争对手

· 反复暗示自己“没关系”

· 试图从积极乐观的角度看待竞争对手

作家小贴士

无论描写怎样的场面，都不要忽视了“光”。阳光灿烂，还是乌云压阵？是黄昏时分，还是一片漆黑？光与影不仅会影响人物的心情，甚至会对其压力大小、对待目标的态度产生作用。

进化版 愤怒→P96、决心→P168、羡慕→P247、憎恨→P284

焦 虑 /精神层面的不安、忧思不断；产生不祥的预感

外部信号

· 搓揉后脖颈

· 双臂交叉，拒人于千里之外

· 一只手扶着另一只胳膊的肘部站着

· 抓紧钱包、大衣等物品

· 揉拧双手

· 转手表或戒指

· 抓挠身体

· 双手不停地摸脸

· 拨弄项链

· 活动肩膀

· 跺脚

· 瞥钟表、电话、门

· 摸肚子

· 抓紧双手

· 原地摇晃身体

· 扭动脖子，仿佛是为了缓解疼痛

· 咬嘴唇、指甲

· 摇头

· 身体动来动去，无法找到舒服的姿势

· 反复快速地呼气，试图让自己保持平静

· 抓弄钱包或口袋里的东西，不让手闲着

· 注意力涣散

· 整理衣服，仿佛衣服擦伤了皮肤

· 揉手

· 食不下咽

· 一边搓手臂一边环视四周

· 弯起的手指关节掠过嘴唇

· 眼神慌乱不安

· 愈发关注自己的周围

· 被声响吓到

· 频繁吞咽口水

· 反复打开手机检查是否收到了新信息

· 急躁

· 祈祷

内部感觉

· 感觉太热或太冷

· 脚动个不停

· 头晕

· 感觉胃里翻江倒海

· 越来越口渴

· 四肢刺痛

· 胸口仿佛被勒住

· 呼吸加速

· 感觉全身都在抽搐

精神反应

· 考虑到最糟糕的情况

· 自责

· 想得到他人的鼓励

· 觉得时间过得很慢

· 置身密闭的空间时心神不宁

· 莫名感到焦虑

· 在脑中回放让自己焦虑的事

体现强烈情感或长期性情感的信号

· 大量出汗

· 疲惫不堪

· 轻声自言自语

· 坐在椅子上摇晃身体

· 心悸

· 恐慌发作

· 大口喘气

· 害怕、恐惧或产生疑似强迫症的症状

体现受压抑情感的信号

· 假笑

· 回避谈话

· 寻找能独处的地方

· 做出表现自己一切如常的行为（如点了东西却不吃）

· 假装对自己附近的东西感兴趣

· 闭上眼睛，好让自己冷静下来

· 为了让情绪平静而轻抚或梳理头发

作家小贴士

无论要描写怎样的场景，都请先明确“你要传达的情感”，再构思三种用于呈现这种情感的表现形式……哪三种形式能帮助你通过语言或非语言信息增强人物的情感呢？

进化版 害怕 → P106、绝望 → P164、疑神疑鬼 → P266

紧 张 ／没把握、心情摇摆不定

外部信号

· 动作短促、笨拙

· 走来走去

· 快速眨眼

· 按摩后脖颈

· 解开衬衫的第一颗纽扣

· 抓挠或揉搓皮肤

· 咬嘴唇

· 坐立不安

· 手动个不停、心神不定

· 动作僵硬笨拙

· 双手在裤子上摩擦

· 不直视对方

· 撩头发

· 呼吸变快

· 一会儿交叉双臂、跷二郎腿，一会儿放下胳膊和腿

· 望向出口的位置

·（坐着的时候）膝盖上下抖动

· 重复同一个动作（如整理领带、摸耳朵）

· 出汗，尤其是手上出汗

· 指尖、脚尖刺痛
· 瞳孔扩张
· 啃指甲、摆弄指甲
· 甩手
· 清嗓子
· 面部抽搐
· 支支吾吾、语塞
· 发出短促而刺耳的笑声
· 一会儿坐下，一会儿站起
· 笑得比平时更久
· 闭眼，缓缓呼吸
· 语速快、滔滔不绝
· 音高、语气和音量与平时不同
· 做杂务分散注意力（如打扫卫生、给车打蜡）

内部感觉

· 感觉变得敏锐
· 恶心
· 皮肤变得敏感
· 晕厥
· 感觉胃里空空的
· 肌肉颤抖、抽搐
· 感觉肚子里翻江倒海或是胃痉挛
· 食欲不振
· 口干舌燥

· 心悸

· 头痛

精神反应

· 想要逃跑

· 思维古怪，产生不合理的担忧

· 对声音做出过度的反应

· 想到最糟糕的情况

· 希望时间过得快些

体现强烈情感或长期性情感的信号

· 呕吐

· 疲劳或失眠

· 恐慌发作

· 自闭

· 易怒

· 溃疡或其他消化系统障碍

· 体重下降或增加

· 思维模式消极

· 为缓解紧张情绪饮酒、滥用药物或一根接一根地抽烟

体现受压抑情感的信号

· 假笑

· 手指反复屈伸

· 双手相握

· 不自然地沉默

· 反复眨眼或几乎不眨眼

· 不与任何人对视

· 改变话题

· 回避交谈

作家小贴士

仅仅描写动作与外部信号，无法让读者感同身受。在动作描写的基础上加入内部感觉、心理活动等元素，就能打造出更有深度的情感体验。

进化版 不安全感 → P39、胆怯 → P80、害怕 → P106、焦虑 → P142

惊叹 / 惊愕、感叹

外部信号

· 瞪大眼睛

· 张开嘴

· 突然僵住

· 迅速倒抽气

· 用手捂住嘴

· 身体僵硬

· 发出轻微的尖叫

· 先快速眨眼，然后盯着眼前的东西看

· 身体一哆嗦，稍稍跳起

· 后退一步

· 缓缓摇头，显得难以置信

· 喊出“难以置信！”“快看啊！”这样的话

· 掏出手机，想把眼前的情形录下来

· 环视四周，确认周围的人是不是也有同样的感受

· 张开手掌，按在胸口

· 探出身子

· 靠近某人或某物

· 伸出手或触摸

· 扬起眉毛

· 嘴唇分开

· 笑容满面

· 会心一笑

· 将手掌贴在脸颊上

· 用手扇风

· 反复说同样的话

· 大声欢呼

内部感觉

· 心脏骤停，然后开始剧烈跳动

· 血液在体内奔腾

· 体温上升

· 感觉皮肤火辣辣的

· 难以呼吸

· 肾上腺素飙升

精神反应

· 在那一瞬间忘记了所有不相关的事

· 想和周围人分享这段经历

· 头晕目眩，搞不清到底发生了什么

· 狂喜

· 哑口无言

体现强烈情感或长期性情感的信号

· 心跳变快

· 呼吸急促

· 膝盖发抖

· 感到巨大的压迫感，仿佛房间正在收缩

· 瘫倒

体现受压抑情感的信号

· 紧紧抱住自己（拥抱自己）

· 忽走忽停，动作不自然却显得很满足

· 双手放在胸口

· 低头或朝别处看，以掩饰表情

· 在控制住自己之前的一瞬间瞪大眼睛

· 紧抿双唇

· 面无表情

· 为了掩饰情感找地方坐下

· 被别人看出自己的反应时找借口搪塞

· 支支吾吾、结巴

作家小贴士

如果你想让笔下人物的情感体验更有深度，不妨关注那些能象征人物所处场景的物件吧。在当前的场景下，能完美呈现人物情感的东西究竟是什么呢？

进化版 不相信→P54、好奇→P110、激动→P131

惊讶／震惊

／感觉到意料之外的惊叹、喜悦或恐惧（可褒可贬）

外部信号

· 呆呆地张开嘴

· 一只手立刻捂住胸口

· 用手指碰触分开的双唇

· 倒抽气

· 难以置信地凝视，或露出茫然的表情

· 头猛地后仰

· 双手拍打脸颊

· 半开玩笑地捶打吓到自己的朋友

· 往后挪一两步

· 尖叫、倒抽气、欢呼

· 身体突然僵直、肌肉僵硬

· 走到半路突然停住或摇摇晃晃

· 拥抱身边的朋友

· 头晕

· 瞪大眼睛，忍不住再看第二眼

· 摇头，说出带有否认意义的话

· 支支吾吾、结巴

· 声音变尖

· 抓住朋友的手臂

· 捂脸

· 紧闭双眼

· 双手抱头，仿佛是在捂耳朵

· 张开手掌压住胸口

· 摸喉咙

· 转过身去（对惊讶的消极反应）

· 将书本或行李紧紧按在胸口

· 抬起一只手，回避靠近自己或要与自己说话的人

· 发出颤抖、轻柔、犹豫、难以置信的声音

· 为确认某件事抛出简短的问题："谁？""什么时候？""为什么？"

· 逐渐领会让自己惊喜的事，同时缓缓地露出微笑

· 高声大笑

· 呼吸急促或喘不过气

· 歪头或把头转向侧面

内部感觉

· 皮肤有刺痛感

· 感觉胃很重

· 心跳变得剧烈

· 喘不上气

· 感觉心里突然发凉（消极的惊讶）

· 不辨东西

· 头晕目眩或是兴奋异常

· 感觉胃里翻江倒海

· 感觉肾上腺素流遍全身

精神反应

· 想要掩饰某件事

· 思维模糊，无法正常思考

· 难为情

体现强烈情感或长期性情感的信号

· 弯腰、双手抱头

· 因恐惧瘫倒

· 气喘

· 流眼泪或发抖

· 收下巴，挡住脖子

· 双脚抽搐，往后跳

· 双手快速捂住嘴

· 倒抽气或发出刺耳的尖叫声

· 下意识地抓住胸口

· 肌肉紧张，僵硬地仰头

· 逃避反应（如跑开、躲起来）

· 斗争反应（如推开让自己受到惊吓的人，用拳头发泄焦虑）

· 为保护自己后退，将双臂收到身体正前方

· 语塞，一句话都说不出来

· 咒骂、怒吼

体现受压抑情感的信号

· 想保持微笑，反而让表情显得僵硬（消极反应）

· 快速眨眼

· 睁大双眼

· 扬起眉毛

· 抿着嘴唇微笑

· 装出完全不吃惊的样子点点头

· 身体瞬间变僵硬

· 呼吸暂停片刻

· 用力握住手中的东西

· 在最初的冲击平复之后摆动双臂，以放松身体

作家小贴士

在刻画情感的时候，请大家大胆尝试新的手法。无论你要描写的是哪种情感，真实而独特的诠释肯定是最理想的。

进化版 安心→P28、愤怒→P96、害怕→P106、惊叹→P150、失望→P233

幸福→P251

沮 丧 / 心门紧闭，极度悲伤，缺乏活力

外部信号

· 憔悴

· 体重增减明显

· 眨眼频率低

· 眼睛含着泪或发红

· 低头盯着双手

· 不再对刺激或声音做出反应

· 躺在床上，没有力气爬起来

· 驼背、弯着脖子

· 单手撑着头

·“自暴自弃”的外表（如乱糟糟的头发、过长的指甲）

· 每天穿一样的衣服

· 摇摇晃晃，拖着步子走

· 手部动作虚弱无力

· 执着于象征失去的物品（如照片、小玩意儿）

· 哭泣

· 眼神空洞

· 找借口

· 撇嘴

· 面部松弛、表情慵懒

· 黑眼圈

· 失眠

· 终日昏睡

· 糟糕的膳食习惯

· 无力、没有精神的语调

· 脏乱的家、房间、工作空间

· 无视电话或来客

· 早衰（如生出皱纹、疲劳的眼神、长出白发）

· 生病

· 不再对自己的爱好感兴趣

· 成绩下降、工作不顺

· 主动将自己封闭起来

· 不再参加活动，与朋友们保持距离

· 吃得很少，食不知味

· 无法集中注意力完成任务（工作、学习、家庭生活方面）

· 忘记预约、对话、会议的内容

· 选择肥大、土气的衣服

· 对他人（甚至是家人）毫无反应

· 谈话技巧差

· 有体味

内部感觉

· 感觉心里空荡荡的，仿佛有一个大洞

· 心跳迟缓

· 肉体疼痛或精神上感到痛苦

· 呼吸变浅

· 疲劳

精神反应

· 自闭

· 渴望活在过去，渴望独处

· 缺乏观察力

· 思想固执

· 悲观

· 注意力不集中

· 丧失时间概念

· 产生自残欲

· 对世界和人类绝望

· 厌恶噪音、人群或者会带来压力的情况

体现强烈情感或长期性情感的信号

· 进食障碍

· 病态行为（如拽头发、强迫症、妄想症）

· 自杀的念头

· 尝试自杀

· 药物依赖

· 囤积物品

体现受压抑情感的信号

· 做出反应前有短暂的停顿

· 勉强自己表现情感或表现虚假的情感

· 过量服药、酗酒

· 假笑、勉强挤出笑容

· 装病，以回避社交场合与人群

· 撒谎

作家小贴士

情感仅靠“陈述”是不够的。我们必须将情感清晰地呈现在读者眼前。请大家回忆一下：在经历某种强烈的情感时，你产生的核心冲动是什么？如果它与你正在刻画的情感相符，就加以利用，为读者带去同样的体验。

进化版 悲伤 → P32、后悔 → P113、怀念 → P117

拒 绝 /不愿承认真相或现实

外部信号

· 口角

· 后退

· 拼命摇头

· 摆手把人轰走

· 抗拒沟通："别怪到我头上""跟我没有任何关系"

· 态度坚决，说话时夹杂用食指来指点等手势

· 举起手掌

· 耸肩

· 下唇包住上唇

· 双臂交叉于胸前，做出封闭性姿势

· 把手按在胸骨上

· 嘴巴张着，看起来很"震惊"

· 语速快、滔滔不绝，不给人插嘴的余地

· 给自己找理由或为自己辩护

· 缓缓往后挪

· 拖拉音节，放慢语速："啊……""不行……"

· 身体后倾，与他人拉开距离

· 躲避某人或某样东西

· 扬起眉毛

· 瞪大双眼

· 提高音量

· 斩钉截铁地说“不”

· 侧身避开指责自己的人

· 询问消息的来源或事实

· 双手交叉，把手摆成“X”形

· 不再看对方的眼睛（如果对所说的事没有把握或在撒谎）

· 磕磕巴巴地回答、惜字如金

· 出汗

· 低头盯着双手看

内部感觉

· 口干舌燥，感觉喉咙被什么东西堵住了

· 身体沉重、麻木

· 眼底发热

· 胃痛

精神反应

· 为理解事态，在脑海中回想过去发生的事

· 集中精力思考事情真相

· 大脑全速运转，以找到最像样的借口（本人在撒谎的情况下）

· 为自己被迫处于当前的情境而发怒或心痛

体现强烈情感或长期性情感的信号

· 把责任推卸给他人

· 恳求、哭泣，央求别人相信自己

· 关闭心门，拒绝倾听

· 想要一个人静静

体现受压抑情感的信号

· 拒绝争论或对责难做出反应

· 持续的眼神交流

· 告诉他人自己没有在逃避现实

· 说出“再看吧”“我们走着瞧”之类的话

· 给出理由反驳某种观点

· 反复强调自己看到且坚信的事实

· 语调冷静、平稳

作家小贴士

列一张清单，写出你常用的肢体语言吧（如皱眉、微笑、耸肩、摇头）。然后再使用文字处理软件的“查找”功能，回到使用这些“套路”的场景中。如此一来，你就能轻松锁定需要调整或重写的部分了。

进化版 防御→P92、愤怒→P96、愧疚→P184、矛盾→P191、痛苦→P241

绝 望 /因为看不到希望而变得冲动、轻率

外部信号

· 狂热、双眼发亮

· 眼神慌乱不安

· 动作迅捷

· 失眠、食欲不振

· 手指抽搐，做出带有冲动性或反复性的动作

· 步伐笨拙

· 将手伸向对方、碰触对方，以寻求帮助或支持

· 直面危险

· 将自己推向忍耐的极限

· 来回走

· 焦虑地自言自语

· 拉拽自己的头发

· 痛苦地凝视他人

· 因为激动而哽咽

· 手动个不停

· 呻吟

· 原地摇摆身体

· 讨价还价

· 浑身颤抖

· 用双臂抱住头
· 下巴贴着胸口，搂住自己的肩膀
· 脖子僵硬、手臂酸痛
· 双眼含泪
· 咬下嘴唇
· 揉拧双手
· 蜷起肩膀、驼背
· 摇头表示拒绝
· 采取自卫姿势（如下巴贴着胸口，双臂紧紧抱住身体）
· 指甲划过脸颊
· 揉搓上臂以寻求安全感
· 声音颤抖
· 大量出汗

内部感觉

· 心怦怦跳
· 口干舌燥
· 因不停地恳求、号啕大哭、央求导致咽喉疼痛
· 忍耐疼痛的能力上升
· 胸口仿佛被勒住，感到很疼
· 精力异常充沛

精神反应

· 不停地制订计划
· 想法不合逻辑，缺乏判断力

· 产生什么都愿意做的念头

· 无视法律或社会价值观

· 放弃道德观或正确的判断

· 必要时牺牲他人或放弃次要的目标、欲望或要求

· 漠视与自身目标对立的人的感受

体现强烈情感或长期性情感的信号

· 哭泣、呜咽、号啕大哭

· 喊叫

· 用拳头拼命砸某样东西，直到把自己弄伤

· 跪在地上

· 恳求、低三下四，降低身价或抛弃自尊

· 承担极端的风险

· 给出交换条件：“带我去！”“我去，你留在这儿。”

· 为了激发出必需的力量，将自己逼到极限

· 拒绝他人的劝说

体现受压抑情感的信号

· 紧紧抱住自己的身体

· 相信能带来希望的谎言

· 坐立不安

· 为解决问题封闭自己

· 坐不住

· 反复看钟

· 宽慰别人

· 整理头发和衣服，显得很镇定

· 利用娱乐手段分散注意力（如看电影、看电视）

· 攥紧拳头

作家小贴士

人物的着装应该各不相同，还能反映出这个人的个性。在构思独特的情感肢体语言时，不妨思考一下人物着装能在表现焦虑、自负或自尊心时发挥出怎样的作用。

进化版 胆怯→P80、愤怒→P96、决心→P168、恐惧→P176

决心 /拥有达成目标的坚定意志；做事果断

外部信号

· 最先发言

· 进入对方的私人空间

· 用简短有力的句子，清晰地表达

· 声音冷静、低沉

· 皱眉

· 肌肉紧张

· 警觉的眼神

· 咬紧牙关

· 眼神坚定

· 冷冷地点头

· 两手搭成尖塔形

· 模仿领导的动作

· 使用带有肯定色彩的词语："是的""我会……"

· 抿紧双唇

· 握紧拳头

· 整理物品，做好准备

· 坚定地站着、时刻准备着

· 双腿开立

· 把手放在膝头，身体凑过去

· 扬起下巴、露出脖子

· 撩起袖子

· 肩膀向后收

· 做出强势的姿势

· 动作明确有力

· 手部动作迅捷（如用手指猛戳以示强调）

· 步子快

· 抛出尖锐的问题

· 双脚伸直，不跷二郎腿

· 挺胸

· 用力握手

· 用鼻子深吸一口气，再通过嘴巴呼出

· 处于平静、注意力很集中的状态

· 提升自己的技能

· 做准备，调整身体状态

· 调查、搜集信息

· 接受能提升自己的建议或意见

内部感觉

· 心神不宁

· 体温上升、心跳加快

· 肌肉处于紧张状态

精神反应

· 思考可能出现在前方的障碍，以及跨越障碍的方法

· 为取得成功，在精神上鼓励自己

· 仔细倾听周围人说的话

· 对目标有很敏锐的感觉

· 无视会分散注意力或带来不快的东西

· 针对目标充分集中注意力

· 整理自己应该说的话、应该做的事

· 舍弃消极的念头

· 锁定目标

体现强烈情感或长期性情感的信号

· 为完成任务提前调整好自身状态

· 咬紧牙关

· 头痛

· 肌肉紧绷

· 无视疼痛、压力或其他外部影响因素

· 为达成目标做出必要的牺牲

体现受压抑情感的信号

· 故意装出很倦怠的样子

· 装出没有兴趣的样子

· 没有意义的动作（盯着指甲上的死皮、仔细寻找分叉的头发）

· 双手插兜

· 投入到轻松、无关痛痒的谈话中去

· 抛出温和的问题

· 打哈欠

· 耸肩

· 发出笑声或为了缓和气氛开玩笑

· 不正视对方

· 闭上眼睛，因为药物起了作用或是为了显得自己很放松

作家小贴士

别小看了触觉的力量。物品碰触肌肤时产生的感觉，能孕育出强有力的反应（有积极的也有消极的），而对这种反应的描写，能让读者的情感体验变得更为丰富。

进化版 希望 → P244、自信 → P295

渴望 / 对将要发生的事抱有强烈的热情

外部信号

· 身体前倾

· 两眼放光

· 语速快

· 用兴高采烈的语气或大声说话

· 点头、注意力集中

· 使用能表现“激动情绪”的词语

· 一口答应所有提议

· 不停地摆弄物件，好让自己的手始终处于忙碌状态

· 在身体两侧攥紧拳头

· 眼神坚定

· 别人还没说完就开口

· 刚被叫到就立刻举手

· 提问，寻求信息

· 搓手

· 一手放在膝头，探出身子

· 坐在椅子的边缘

· 允许他人进入自己的私人空间

· 舔嘴唇、微笑

· 脚朝着前方

· 收起肩膀，端正姿势

· 动作活力十足

· 脚趾动来动去

· 坐不住、心神不宁、走来走去

· 长舒一口气，微笑

· 几乎不眨眼、睁大眼睛或双眼圆睁

· 双手紧紧相扣

· 猛地抬头

· 快步走、慢跑或奔跑

· 使眼色或抛媚眼

· 逐步接近某个集体或某个活动

· 用欣喜的口吻小声私语

· 拖着椅子靠近桌子

· 提早到达

· 抬起一边的眉毛，微笑

· 表示友好，即便对方不在自己的社交圈内

· 拉扯、催促对方加快速度

内部感觉

· 胃部翻江倒海

· 心跳加快

· 感觉胸口起伏不定

· 呼吸困难

· 感觉肾上腺素飙升，变得警觉

精神反应

· 仔细倾听

· 周密地计划与准备

· 无法将注意力集中在其他事情上

· 渴望与人分享，让别人也加入进来

· 失去控制力

· 对未来持乐观态度

· 愿意负责，积极帮助、引导他人

体现强烈情感或长期性情感的信号

· 提前数小时或数天开始准备

· 反复推敲计划，不放过任何一个细节

· 追求完美

· 急于让事情早些发生

体现受压抑情感的信号

· 将双手放在膝头

· 肌肉紧绷

· 逼自己坐着不动

· 集中注意力让自己一字一句说清楚，导致语速变慢

· 反复深呼吸

· 为消磨时间完成任务或干杂活

· 做出松弛舒缓的姿势

· 装出没有兴趣的样子

· 故意绕远路

作家小贴士

若想在对话中创造冲突，就给两个人物设置相互对立的目标吧。得不到自己想要的东西，情感反应自然就变得激烈了。

进化版 激动 → P131、急躁 → P134

恐惧 /极度害怕

外部信号

· 呼吸急促
· 瞪大眼睛，甚至无法眨眼
· 全身颤抖
· 冲出藏身地，火速逃离威胁
· 发出惨叫、哭喊声
· 说不出话、语无伦次
· 紧紧抱住自己（用力抓住双臂或用双臂紧紧抱住腹部）
· 紧闭双眼
· 呻吟、啜泣
· 下巴、嘴唇颤抖
· 在没有明确目的地的状态下撒腿就逃
· 摇头，仿佛在逃避现实
· 双手拍打耳朵
· 把拳头按在头的两侧
· 瘫倒在地，仿佛要沉入地板中
· 像胎儿一样蜷缩起身体或弯起双膝
· 捂脸
· 听到声响时哆嗦、畏缩、跳起
· 肌肉紧张、身体僵硬

- 发出刺耳的尖叫声
- 鼻孔张大
- 牢牢抓住对方，以防对方逃跑或离开
- 动作笨拙（撞到、打翻东西）
- 紧紧抓住喉咙或胸口
- 倒抽气
- 皮肤因汗水发黏
- 心急火燎、衣着凌乱
- 用指甲挠脸颊，手指顺势下滑
- 手抖、指尖发颤
- 满头大汗
- 为了逃跑而冒险
- 自己受伤了却没有注意到（如在逃跑过程中形成的伤口、瘀伤）
- 环视四周，以尽早察觉到迫近的危险
- 用快速、僵硬的动作后退，远离某物或某人
- 应激反应（随手抄起附近的物体发动袭击，以达到击打或毁坏的目的）

内部感觉

- 换气过度
- 心跳加速
- 能清楚地听到心跳声
- 咬紧牙关
- 不怕痛，感觉不到或察觉不到伤痛
- 耐力、体力上升
- 幽闭恐惧（即便是平时不怕封闭空间的人）

· 胸、肺、咽部疼痛

· 双腿虚弱无力

· 对声响、触感和周围的变化分外敏感

· 头晕，眼前出现黑点

精神反应

·（在逃跑的过程中）产生想回头的冲动

· 决策力下降

· 把全部注意力集中在一件事上，如保护自己或救人

· 冒险

· 到达极限时突然崩溃

· 高度警觉

· 下意识地想到可能发生的最糟糕的事态

· 对响声和动静变得敏感

体现强烈情感或长期性情感的信号

· 因压力过大或缺氧（或两者皆有）晕厥

· 心理崩溃（喃喃自语、身体摇摇晃晃、用双手捂住耳朵或眼睛）

· 心脏病发作

· 关闭心门、自闭

· 创伤后应激障碍

· 失眠

· 出现幻觉

· 焦虑发作

· 体重下降

· 做噩梦

· 抑郁

· 滥用药物

· 无法与他人建立联系

· 总是独自一人

· 恐惧症

体现受压抑情感的信号

· 一般来说，我们几乎不可能压制住恐惧，或完美掩饰心中的恐惧。试图掩饰恐惧时的行为特征详见“害怕（P106）”。

> **作家小贴士**
>
> 在表现激烈的情感时，请尽量少用隐喻。再装腔作势、再有创造力的人物，也不太会在经历激烈的情感时用隐喻进行思考。为了保持真实性，对激烈情绪的描写以简单为佳。

进化版 盛怒 → P229、疑神疑鬼 → P266

苦 恼 ／情感或精神层面的痛苦；受折磨

外部信号

· 狂躁地走来走去

· 嘟囔

· 搓揉后脖颈

· 身体前后摇晃

· 用力拉扯头发

· 食不下咽

· 大量出汗（明显到能看出来的地步）

· 眼圈肿，眼神中流露出痛苦

· 握拳

· 摩擦手腕、揉搓双手

· 不停地动手指

· 被声音吓得跳起来

· 咬牙切齿

· 咬紧牙关

· 坐不住、动来动去

· 肌肉抽动

· 脖子上青筋暴起

· 蜷起脚尖

· 不停地触摸能给自己带来安全感的物品

· 声音和语气中透着压力
· 拨弄嘴唇、皮肤、指甲等部位
· 抓住自己
· 颤抖、呻吟
· 哭成泪人、抽噎
· 怒吼、喊叫
· 反复确认时间
· 向负责人确认有没有新进展
· 肩膀前倾以挡住胸口
· 将双腿蜷至胸口
· 哭泣、哀叹、恳求别人帮助
· 背对他人
· 在狭窄处寻找角落藏身
· 揉搓手脚
· 敲打墙壁或周围其他物件

内部感觉

· 恶心
· 肌肉疼痛、僵硬、抽搐
· 咽部深处感到疼痛
· 无法吞咽
· 体温上升

精神反应

· 无法理性思考

· 恳求、讨价还价

· 相信一切有望带来好结果的东西

· 执着于让自己痛苦的原因

· 为寻求情感的发泄口，产生将自己置身于危险之中的冲动

体现强烈情感或长期性情感的信号

· 为发泄大喊大叫

· 外表憔悴瘦弱

· 未老先衰

· 驼背、蜷缩

· 呕吐、干呕

· 换气过度

· 脸色不好、黑眼圈

· 眼周、口部周围生出皱纹，皮肤松弛

· 依赖酒精、毒品或其他药物

· 谢顶

· 面部抽搐或重复同一个动作（如拽头发、摇晃身体）

· 划伤、擦伤自己或出现其他自残行为

· 抑郁

· 自杀

体现受压抑情感的信号

· 皱眉

· 咬紧牙关

· 身体和手不停颤抖

· 肌肉紧张

· 举止鬼鬼祟祟

· 隐藏会暴露自己情绪的动作（如搓手）

· 指甲被啃短，一碰就流血

· 撇嘴或噘嘴

· 试图忍住抽泣或不发出呻吟

· 气喘吁吁、呼吸颤抖

· 只给出最低限度的反应（只回答一句话、只点头或摇头）

· 一根接一根地抽烟

· 酗酒

· 面如土色

作家小贴士

大胆挑战人物的道德观吧。将人物推出“舒适区”，会让他局促不安，而读者也能与他们一起面对考验。

进化版 沮丧 → P157、绝望 → P164

愧疚 / 为（真实存在的或想象中的）过错感到自责，觉得自己应受惩罚

外部信号

· 转移或压低视线

· 转身

· 身体动来动去

· 驼背、下巴贴着胸口

· 脸红

· 防御性反应

· 易怒

· 吃抑制胃酸分泌的药

· 反复做吞咽动作

· 撒谎

· 出汗

· 面部扭曲，咬嘴唇

· 回避某个人或某个地方

· 喋喋不休或语速非常快

· 保持一定距离

· 揉鼻子或耳朵

· 手肘紧贴身体两侧，站得笔直

· 把手掌合起来或向内弯

· 慌张、支支吾吾

· 为了活跃气氛或转移人们对事实的关注开玩笑

· 触摸自己的头发、脖子或衣服寻求安全感

· 双手按住腹部

· 不自然地沉默，身体纹丝不动

· 下巴颤抖

· 流着泪喃喃自语

· 动作显得很焦虑（如用手指梳理头发、来回走）

· 声音沙哑

· 拉拽自己的衣领

· 发出深深的、痛苦的叹息，闭眼

· 看自己的脚

· 把双手藏起来（如插兜、在身后交握）

· 偷瞄受到不公正待遇的人

· 尾随受到不公正待遇的人，试图道出真相

· 作为惩罚，让自己受苦

· 毁坏自己的财物

· 无法参加愉快的活动或和朋友在一起

· 脸色苍白，表情痛苦、纠结

· 不去上班或上学，任由成绩下降

内部感觉

· 肚子痛

· 胸口仿佛被勒住一样

· 咽部深处感到疼痛

· 食欲不振

· 嗓子难受

精神反应

· 在脑海中回放发生过的事，从而感到焦虑

· 充满自我厌恶的想法

· 希望再次回到事发时，改变历史

· 渴望把事情说给别人听，让那个人帮自己分担痛苦或重担

· 郁郁寡欢、自闭、拒人于千里之外

· 疑神疑鬼，担心周围的人知晓事实并谴责自己

· 无法把注意力集中在其他任何事情上

体现强烈情感或长期性情感的信号

· 不再关注自己的外表或健康情况

· 喝酒喝到失去知觉（为了忘记发生过的事）

· 嗑药

· 失眠

· 抑郁

· 疲劳

· 做噩梦

· 哭泣、呜咽、呼吸紊乱

· 逃跑反应（无法妥善处理发生的事，选择逃避）

· 不再与他人接触，愈发孤僻

· 自残

· 自我厌恶

· 为了摆脱现状尝试自杀

体现受压抑情感的信号

· 为了弥补之前的过错，全身心投入某件事或帮助别人

· 坐立不安

· 用手挡住嘴

· 换话题

· 转移他人的注意力

· 清嗓子

· 不承认自己与发生过的事有任何关系

作家小贴士

为你笔下的人物制作一份索引，记下每个人的发色、瞳色、着装等信息，这样就能保证人物形象的连贯性。

进化版 后悔 → P113、矛盾 → P191、羞耻 → P258、自责 → P298

满 足 /没有不满、十分满意

外部信号

· 高高抬起下巴，露出脖子

· 干脆地点头

· 抚平衬衫的褶皱或把卷起的袖子放下来

· 竖大拇指

· 干杯或称赞某人

· 拍他人的后背

· 双手叉腰，双肘打开，摆出开放性姿势

· 带着心满意足的表情望着已经完工的作品

· 挑起一边的眉毛，仿佛在说“瞧见没”

· 引人注目的别致步态（如猫步、慢条斯理的步子）

· 难为情的、自信满满的、灿烂的、傲慢的笑

· 完美地总结情况，并恰当地表达出来

· 说“瞧我说什么来着！”

· 挺胸，站直，肩膀往后收

· 挥舞拳头的姿势

· 拍手

· 双手指尖搭成尖塔形

· 让其他人也来享受这一时刻

· 吹牛

· 一只手随意放在腰间

· 张开双臂

· 往后靠，显得很放松

· 深深地、心满意足地叹息

· 吹口哨、哼歌

· 心不在焉的、悠然自在的笑

· 一边品味这一瞬间，一边做深呼吸

· 不急躁、很放松的动作

· 直接而明确的行动（如进行眼神交流、声音中气十足）

· 奖励自己

内部感觉

· 对周围人及其反应变得十分敏感

· 胸口变得轻盈，全身被温暖所包裹

· 产生满足的疲劳感，而不是“精疲力竭”的感觉

精神反应

· 因为完成某件事而感到喜悦

· 极度兴奋

· 充实感、满足感

· 更有自信

· 期待自己应得的假期

· 执着于最近取得的成功

· 不注意周围的环境

· 沾沾自喜

· 受满足感的影响，对周围人变得宽容

· 想让大家都知道自己的成功

体现强烈情感或长期性情感的信号

· 将占有欲正当化

· 无比自信、幸福

· 自大

体现受压抑情感的信号

· 嘴角抽搐

· 单手遮住笑容

· 脚尖轻轻弹跳

· 想尽快离开这里，把好消息告诉别人

· 缓缓靠在椅子上，如释重负

作家小贴士

描写一个“与社会鲜有互动的孤独角色”是一项极具挑战性的任务。放弃没完没了的心理活动描写，“保持一定的人物关系”是相当有效的方法。切记，置身于人群之中的人也有可能是孤独的。只要充分利用在这种环境、这种人物关系中发生的对话、混乱与插曲，就能推动故事情节的发展。

进化版 感谢 → P100、幸福 → P251、自豪 → P288、自命不凡 → P291

矛 盾 / 体验相反的情感

外部信号

· 抿紧双唇，露出略显严肃的表情

· 一次次吞咽口水、眨眼

· 摇摆不定的笑容

· 视线飘忽不定，回避正面的眼神交流

· 试图做某个动作，却在中途停住（如伸出手后犹豫不决，或是在中途改变方向）

· 对话时断时续，自我干扰

· 欲言又止

· 难以找到合适的措辞

· 嘴上支持，但语气毫无诚意

· 越来越安静，越发没有活力

· 挠脖子或脸颊

· 揉搓或拉拽一边的耳朵

· 为了得到更多的信息而提问

· 就相似的经历与情况与他人交谈

· 搜集关于"别人遇到这种情况会怎么做"的意见

· 轻轻摇头

· 想要冷静下来细细斟酌

· 揉搓或捏住下唇

· 心事重重

· 发出“嗯……”的声音

· 左右摆头

· 深吸一口气，再缓缓呼出

· 以心情复杂为由，为自己没精打采的反应道歉

· 要求对方给自己更多时间接受一切

· 用食指轻敲嘴唇

· 皱眉

· 低头

· 闭眼，揉捏前额

· 道出心中的矛盾：“这是个艰难的决定。”

· 道出心中的惊讶：“对不起，你让我措手不及。”

· 一会儿屈膝，一会儿再伸开

· 坐立不安，来回踱步

· 用手撩起头发

· 手动个不停，比如抚平衣服的褶皱、触碰东西

· 做出互相矛盾的动作（在微笑的同时摇头，在点头的同时皱眉）

· 一手握拳贴在嘴边，另一只手托着这只手的肘部

· 吸一口气，鼓起腮帮子，再把气呼出来

· 鼻尖皱起

· 双手伸向空中，仿佛在感受它们的重量

· 单手摩擦胸前的衬衫（心脏所在的位置）

· 强迫自己拿出激情来，告诉自己“这么做是正确的”

· 闷闷不乐，反应迟钝

内部感觉

· 头痛

· 感觉身体沉重

· 胸口像被人揪住一样

· 十分郁闷，仿佛五脏六腑在下沉

· 食欲不振

精神反应

· 权衡利弊

· 调查和寻求信息

· 对因最终决定受到负面影响的人产生负罪感

· 为把握事态的影响而思考：“如果事情变成这样了呢？”

· 想把心中的矛盾说出来

· 渴望离开，去一个能整理思路的安静地方

· 满脑子都是眼前的矛盾，无法专注于别的事情

· 为了下定决心而搬出道德信条

体现强烈情感或长期性情感的信号

· 不修边幅（乱糟糟的头发、皱巴巴的衣服）

· 埋头搜集信息，以寻求“关键”的解决方案

· 胃部不适、膳食不均衡、体重下降

· 压力过大导致头痛

· 失眠

· 丧失自信

· 逃避所有决策

· 脱发

体现受压抑情感的信号

· 说自己没有做决定的资格

· 找借口逃避眼前的事态

· 提议为了重新部署稍事休息

· 为了缓和紧张、活跃气氛说笑话

· 对别人说的话漫不经心地点头

> **作家小贴士**
>
> 在分享必要的信息时，我们也要继续描写人物的行为举止和情感，以确保故事的流畅性。

进化版 不满→ P46、不知所措→ P58、混乱→ P127、焦虑→ P142

勉 强 /不情愿、强烈抵触

外部信号

· 拖延时间（如花时间思考、转身）

· 用力吞咽

· 舔嘴唇

· 手臂、肩膀、表情僵硬

· 步调迟疑

· 肩膀向前突出，头往后收

· 反应缓慢（如接过物品或帮忙时）

· 抿紧嘴唇

· 忧心忡忡地环视四周

· 手发抖、抽搐

· 在手几乎要握成拳的时候松开

· 绷着脸、表情痛苦

· 眉头紧锁

· 支支吾吾、结巴

· 找借口

· 撒谎

· 战战兢兢地伸出手、触摸

· 抬起一只手轰赶人或物

· 提议让别人帮忙或代劳

· 摇头

· 不停地碰触嘴唇或脖子

· 显得很紧张（用手撩起头发、来回走、重复同一个动作）

· 转瞬即逝的微笑

· 瞥一眼手表

· 感到提心吊胆

· 向出口走去

· 与提出要求的人保持一定的距离

· 咬嘴唇或指甲

· 捏住鼻梁、紧闭双眼

· 换话题或转移注意力

· 内敛的肢体语言（如举起双手、双臂交叉于胸前）

· 转身背对提出要求的人

· 要求对方给更多的考虑时间

· 提出疑虑

· 为了把事情搞清楚提出各种问题

· 不直视提出要求的人

· 结束谈话

· 回答“也许吧”

· 嘟囔消极的词句：“不”“我不想做”

内部感觉

· 采取行动前深呼吸

· 感觉胸口被勒紧

· 肌肉略微紧张

· 感觉胃部郁结

精神反应

· 渴望逃离提出要求的人

· 优柔寡断

· 明显的心不在焉

· 负罪感

· 寻找逃避让自己这样做的方法

· 只能关注需要做出的决定

· 想将自己的不情愿正当化

体现强烈情感或长期性情感的信号

· 怨恨

· 胃部不适，肚子里翻江倒海

· 躲避对方

· 与对方关系紧张

体现受压抑情感的信号

· 先表示赞成，但不会坚持到最后

· 暗示自己很忙或压力很大

· 对造成这种局面的罪魁祸首感到反感

· 做出具有被动攻击性的发言

· 转移话题，表现得好像对方的要求很荒谬一样

· 开玩笑以转移话题

· 向第三方说出真心话，期望他能转达自己的想法

作家小贴士

最好不要在文章里点明物品的品牌名。品牌的更迭速度很快，也许若干年后，这些品牌名就会让你的文章显得过时。还是用其他方式表现人物的性格、长处与短处吧。

进化版 胆怯→P80、防御→P92、愤怒→P96、害怕→P106、怀疑→P120
厌恶→P262、怨恨→P281

难 堪 /因意识到不快而感到心神不宁

外部信号

· 脸颊慢慢变红
· 出汗（多到能看出来）
· 身体变得僵直
· 绷着脸或咽口水
· 耳朵发红
· 收下巴
· 含胸
· 驼背
· 双手环抱腰部
· 拖着步子走
· 清嗓子
· 咳嗽
· 裹住自己（如双臂交叉于胸前、扣起外套的扣子）
· 拉拽领子
· 搓揉后脖颈
· 皱眉
· 双手捂脸
· 哆嗦、发抖
· 心神不定、扭扭捏捏

· 支支吾吾、语塞

· 被碰一下就往后缩

· 声音显得很无力

· 说不出话

· 蜷起脚尖

· 膝盖并拢

· 双臂紧贴身子两侧

· 缓缓滑落到椅子上

· 低头，不敢再看对方的眼睛

· 塌肩驼背

· 做出愤怒的动作（推搡、挥出拳头）

· 紧抿嘴唇、咬紧牙关

· 双手在口袋里动个不停

· 摆弄衬衫的袖子

· 将脸埋在书中

· 护住自己或物品（如用力握紧钱包）

· 走着走着开始全速奔跑

· 用头发遮挡面部

· 环视四周，寻求帮助，寻找出口或退路

· 把帽子往下拉或套上连帽衫的帽子

· 下巴发抖

内部感觉

· 频繁吞咽口水

· 头晕眼花

· 后脖颈或面部逐渐产生刺痛感

· 胸口仿佛被勒住一样

· 焦虑导致的胃硬化或胃下垂的感觉

· 面部、脖子、耳朵发烫

· 呼吸急促，心跳加速

精神反应

· 产生想要逃跑的冲动（急性应激反应）

· 思绪混乱，陷入恐慌

· 因难以置信而感到痛苦，产生思维中断："这不可能！"

· 在脑中探寻解决方案

体现强烈情感或长期性情感的信号

· 哭泣

· 逃离房间或所处的境况

· 自尊心骤降

· 害怕在人前发言或抛头露面

· 退出集体或娱乐活动、社交活动

· 食欲不振

· 执着于让自己尴尬的事情，反复回忆

· 失眠

· 体重下降

体现受压抑情感的信号

· 装作听不见或看不见

· 故意无视他人，装出专注于其他事情的样子

· 假笑

· 试图一笑了之

· 想尽办法转换话题

· 撒谎

· 分散他人的注意力，试图将谴责的矛头转向其他人

作家小贴士

请不要借助“哭泣”这一行为对情感轻描淡写。现实生活中的人往往需要经历许多情感阶段才会流出眼泪，我们笔下的人物也是如此。

进化版 后悔→P113、沮丧→P157、屈辱→P221、羞耻→P258

恼 怒 /气愤，感到轻度的愤怒

外部信号

· 表情痛苦

· 深深地、夸张地叹息

· 暗示自己不耐烦："算了算了，我来吧！"

· 眯眼

· 双臂交叉于胸前

· 坐立不安、一只脚不住地拍打地面

· 气愤地对着空气挥拳

· 出现抽搐等肉眼可见的变化（如额头的血管跳动、摆弄衣领）

· 抿紧嘴唇，直至嘴唇发白

· 咬紧牙关

· 皱眉、冷笑、绷着脸

· 发牢骚

· 手臂抱住胳膊

· 轻轻攥起拳头

· 为了缓解心中的烦躁，提出犀利的建议

· 拉扯衣服（如用力拉扯袖口、用力拉起拉链）

· 歪着头，摇头

· 挑眉，露出呆滞的眼神

· 抬头望天

· 不住地摇头

· 变换姿势（如把重心调整到身体的另一侧、改变身体的位置）

· 把拳头搭在下巴下面，撑着头

· 双手抱头

· 想开口批评，却突然打住

· 深吸一口气，憋住

· 用手指轻敲桌面

· 笑容消失不见，或是露出假笑

· 用铅笔写字时用力过度，折断笔头

· 走来走去

· 略带挖苦

· 明知故问

· 语气尖锐

· 用短句说话

· 脖子、肩膀、手臂明显紧绷

· 身体僵硬，脖子上青筋暴起

· 揉眉心，仿佛是为了缓解头痛

· 回避让自己恼怒的人或物

· 把拳头按在嘴边

内部感觉

· 头痛

· 脖子、下巴等部位酸痛

· 体温上升

· 对声音变得敏感

精神反应

· 持有批判性意见

· 注意力分散

· 思考离场的借口

· 在心中暗自比较

· 产生“想待在其他地方”的念头

体现强烈情感或长期性情感的信号

· 脸发红

· 粗暴对待事物

· 接管他人的工作或任务

· 咬牙切齿

· 举起双手，摆出投降的动作

· 大步流星地走出房间，呼吸外面的新鲜空气

· 不说话，也不作答，自我封闭

· 把别人拖下水，让自己抽身而出

体现受压抑情感的信号

· 通过用力点头的方式，强忍着不说出侮辱人的话

· 换一件事做，让双手和头脑都忙起来

· 埋头完成某项工作，以分散注意力

· 强迫自己和让自己恼怒的人待在同一个空间

· 装出有兴趣的样子，却难掩自己的不耐烦

· 试图小心控制声音与语气

· 聚焦于其他事物，尝试忘记恼怒

作家小贴士

在描写情感的时候，我们绝不能一味刻画眼睛。在现实生活中，我们最先注意到的的确是眼睛，但眼睛的描述方法极其有限。请大家深入观察，从举手投足和对话中展示人物的行为。

进化版 不满 → P46、愤怒 → P96

平 静 /心绪平和，不存在冲突、焦虑、混乱等状态

外部信号

· 姿势放松，微笑、莞尔一笑

· 在膝头轻轻扣住手指

· 头往后仰，闭上眼睛

· 表情柔和，显得很冷静

· 朝别人点头打招呼

· 背靠椅背，一条手臂搭在椅背上

· 深深地、心满意足地呼吸

· 把手肘搁在朋友的肩上

· 会心一笑

· 吹口哨、哼歌

· 眼睛闪闪发光、眼神温柔

· 享受各种活动（如看电影、户外音乐会、野餐）

· 躺在草坪上晒太阳

· 像猫一样伸展肢体

· 声音温和、语调温柔

· 半闭着眼睛，显得心满意足

· 双手的手指在脑后交叉相扣

· 站姿或举止十分大方

· 动作缓慢

· 前后转动脖子

· 保持站立状态，大拇指挂在前口袋的袋口

· 步调轻松，不慌不忙

· 眼神游走，扫到什么看什么

· 心满意足地叹息，不慌不忙地说话

· 花足够多的时间完成任务

· 对他人的幸福表现出十足的兴趣

· 与他人进行有意义的交谈

内部感觉

· 呼吸缓慢、平静

· 肌肉、手脚放松

· 犯困

· 感觉不到紧张与压力，近似于“心如止水”的状态

· 脉搏和心跳缓慢、平稳

精神反应

· 和别人在一起时，感觉自己无须打破沉默

· 对全世界感到满足

· 感觉自己和世界紧密相连，对现状很满意

· 很享受“倾听”这件事

· 活在当下，不在乎过去与未来

· 回避会破坏气氛的话题

· 能从日常的、平凡的工作中品尝到愉悦

· 希望大家都能体会到同样的安宁

体现强烈情感或长期性情感的信号

· 对财产的欲求降低

· 倾向于和积极乐观或和自己拥有同样价值观的人共度时光

· 对心灵哲学越来越感兴趣

· 想要保持积极乐观的状态

· 根据自己的新理念调整生活方式（如进行垃圾回收、搬到乡村居住）

· 厌烦企业的压榨与资本主义

· 渴望更自然的生活

· 对自己的身体和平时吃的餐食变得更敏感

· 开发能给自己带来充实感的新兴趣爱好

体现受压抑情感的信号

· 宣称“我之所以平静，只是因为我太累了”

· 强迫自己保持一定的紧张感

· 假装因为无趣离场

作家小贴士

请大家谨慎选择用在句子中的动词，因为语句的意思会随着“用于描述动作的词语”变化。一个“沿着楼梯慢吞吞往上挪”的人，心理状态显然不同于一个“一步跨两层楼梯”的人。

进化版 满足 → P188、幸福 → P251

期 待 / 充满希望地预想；翘首企盼

外部信号

· 手心出汗

· 手抖

· 一会儿跷起二郎腿，一会儿又把腿放下

· 狂热地制订活动计划

· 列清单

· 双手放在胸口并紧紧握住

· 想不了、说不了其他事情

· 做事麻利，仿佛自己的动作越快，事情就会进展得越快一样

· 脚尖上下弹跳

· 在和他人、周围环境接触时，双眼发亮

· 摆弄衣服，把东西挪来挪去

· 在窗边等待，在门口或电话旁走来走去

· 对着镜子反复检查发型和妆容

· 和周围人谈笑风生，与他人分享自己的兴奋

· 闭眼，喊叫

· 激动得跺脚

· 捂脸，透过指缝偷看

· 咬嘴唇

· 装出晕倒的样子

· 提各种问题："多久？""什么时候？""什么？"

· 舔嘴唇

· 闭眼，叹气

· 来回走

· 有节奏的动作（如一只脚摆来摆去）

· 一次次看钟

· 反复检查邮件

· 打电话或发邮件告诉朋友将要发生的事

· 抓住对方的手臂说："快告诉我！"

· 探出身子

· 激动得吃不下饭

· 要求对方给出更详细的说明或答案，恳求对方稍微透露一点细节

内部感觉

· 坐立不安，感觉胃里空空的

· 呼吸困难

· 心怦怦跳

· 全身发痒

精神反应

· 沉浸在想象之中

· 力求完美

· 唯恐出什么问题把事情搞砸

· 注意力不集中

· 想象将要发生的事

· 出现自我批评的倾向（对着装乃至各方面的能力产生疑问）

体现强烈情感或长期性情感的信号

· 睡眠不足

· 沮丧、焦虑

· 急躁、易怒

· 无暇顾及其他事情（责任、朋友、家人）

· 想象或在心中构筑严重脱离现实的场景

· 想太多（计划精确到每一个细节）

· 埋头于准备工作（如过分打扮自己）

体现受压抑情感的信号

· 不自然地静止不动

· 抿紧双唇

· 用衣服去擦出汗的双手

· 装出在看书、看电视的样子

· 颈部肌肉紧张

· 双手攥紧

· 回避交谈

· 偷瞄钟表或门口

· 装出很无聊的样子

· 暗示自己“别放在心上”

· 装出对其他事情感兴趣的样子

· 扭动脖子和肩膀以放松肌肉

· 转换话题

作家小贴士

如果看过你作品的人告诉你“人物的情感反应有点难懂”，那就调整一下引发这种感情的“导火索事件”，让它更为突出易懂吧。要塑造出真实的情感，就必须把因果关系写清楚。

进化版 激动→P131、嫉妒→P138、失望→P233

轻蔑 / 缺乏尊重或敬畏；轻视

外部信号

· 双臂交叉于胸前，摆出封闭性姿势

· 撇嘴

· 扭头

· 嘲笑

· 摇头

· 挖苦、翻白眼

· 讽刺

· 八卦

· 嗤之以鼻

· 嚅动嘴唇，发出嗡嗡声以示轻蔑

· 以侮辱性言语激怒他人

· 不正对着对方，把身体转向其他方向

· 走开

· 摆手，示意自己没兴趣

· 姿势僵硬，不回答，不想扯上关系

· 收下巴，俯视对方，眼神冷漠

· 噘嘴

· 咬紧牙关

· 以冷笑回应对方的话

· 发出令人不快的笑声

· 拿对方的付出开玩笑

· 冷笑、摆出伪善的态度

· 朝对方所在的方向吐口水

· 吐舌头

· 挺胸，站姿大方

内部感觉

· 血压上升

· 胸部有种被勒紧的感觉

· 脖子、下巴酸痛

· 感觉胃部滚烫

精神反应

· 见解消极

· 从不友好的视角看待对方

· 在心里鄙视对方

· 渴望辩赢对方或用言辞伤害对方

· 想让大家都知道对方的无知

体现强烈情感或长期性情感的信号

· 咒骂、凌辱

· 破口大骂、发生口角

· 高血压

· 额头青筋暴起，想诉诸武力

· 气愤地让对方从自己眼前消失

· 离场（如离席、中断会议）

体现受压抑情感的信号

· 脸红、咬腮帮子

· 坐立不安

· 故意抿紧嘴唇，防止自己开口说话

· 搓手

· 故意不看轻蔑的对象

· 假装对其他东西感兴趣

· 背朝轻蔑对象，无视对方

· 不再做出反应，按住肋下以压制怒火

· 双臂交叉于胸前，向后仰

· 拉开与对方的距离，扩大私人空间

作家小贴士

修改文章时，请大家找找看有没有“直接用文字陈述感情”的情况——这往往是缺乏自信的表现。因为我们完全可以通过心理活动、感觉、肢体语言等元素清晰地呈现出人物的情感。只要给出足够有说服力的语言信号或非语言信号，就不需要再向读者“解释”情感了。

进化版 鄙夷→P36、愤怒→P96、厌恶→P262

屈 服 / 几乎或完全不抵抗，缴械投降

外部信号

· 垂头丧气、叹气

· 耷拉着肩膀

· 表情茫然

· 弓背站立或行走

· 拖着步子走

· 步幅小

· 流泪

· 语气单调乏味

· 变得寡言少语

· 双眼黯淡

· 下巴发抖

· 用“轻轻点头”来回答

· 表情消沉

· 手掌、手臂无力

· 头发没洗过，乱糟糟的

· 衣服不整洁，皱巴巴的

· 食欲不振

· 对曾经的爱好或倾注过大量热情的东西不再感兴趣

· 试图缩小自己（如紧紧抱住自己、蹲下、像婴儿一样蜷缩身体）

- 不直视对方
- 不说话
- 没精打采地安慰别人（如摩挲后背、拍肩）
- 摇头
- 头往后仰，望天
- 嘴上同意，却没有表现出任何情感
- 双手相握
- 身体前倾，手肘撑在膝盖上
- 凝视远方
- 低头
- 下巴放松
- 不情愿地耸肩
- 长叹
- 喃喃自语、嘟囔
- 双手抱头
- 用拳头撑着脸颊
- 对刺激没有反应或反应迟缓
- 低声哼一下或给出简短的回答
- 故意闭眼，仿佛在把握事态
- 睡眠时间过多

内部感觉

- 下坠般的感觉
- 空虚、麻木
- 缺乏情感

· 肌肉乏力

精神反应

· 决定尽可能利用眼前的局面（采用乐观的态度）

· 无法集中注意力

· 感到失去方向

· 感到混乱：“怎么会变成这样？”“接下来会发生什么？”

· 感觉“一切都会变样”

· 感觉对现状或未来束手无策

· 坚信自己搞砸了

体现强烈情感或长期性情感的信号

· 抑郁

· 自闭

· 不与他人接触

· 开始怀疑自己，丧失自信

· 冷漠

· 放弃控制局面的念头，开始服从他人

体现受压抑情感的信号

· 哭哭啼啼，抱有疑问，发表没有说服力、流于形式的意见

· 抬头挺胸，但实质上没有任何干劲

· 表现出些许愤怒

· 假装“屈服并不是唯一的选项，只是我选择了屈服”

作家小贴士

在一个场景里描写过多的心理活动会影响故事的节奏。如果心理活动是这个场景的关键，那就将其转化成真实而鲜活的对话吧。这样能加快情节的推进速度，同时展现人物的情感。

进化版 悲伤 → P32、挫败 → P70、失望 → P233

屈 辱 /觉得自己丢人现眼；感觉自己一无是处、没有价值

外部信号

· 瘫倒

· 垂头丧气

· 含胸驼背

· 侧过身子背对他人

· 无法抑制地发抖或战栗

· 用头发遮挡面部或眼睛

· 视线朝下

· 脸红

· 把手搭在胸口

· 眼神空洞、阴沉

· 拉衣角（遮挡身体的动作）

· 用物件护住身体（在拿着某个物件时）

· 用双手抱紧腹部

· 双手掩面

· 下唇或下巴发抖

· 抽泣

· 喉结上下抖动

· 双臂无力地耷拉在身侧

· 泪流不止

· 被声响或别人的触碰吓得哆嗦

· 蹲下，蜷缩成一团

· 试图用双手挡住身体

· 向前伸脖子

· 动作迟缓、战战兢兢

· 双膝紧紧贴在一起

· 身体失去平衡

· 出冷汗

· 摇摇晃晃、站不稳

· 身体靠墙，躲进房间的角落里

· 全身明显颤抖

· 双手紧紧抓住手肘

· 双腿内八字（双腿朝里歪）

· 喉咙发出呜咽声

· 将膝盖蜷起贴近胸口

· 用双臂包裹住身体

· 流鼻涕

内部感觉

· 双脚颤动

· 心跳变缓

· 胸口疼痛

· 快速吞咽口水

· 头晕目眩

· 感到肋骨受到了挤压

· 感觉全身的骨头都断了

· 起鸡皮疙瘩

· 肌肉松弛

· 眼角、脸颊发烫

· 恶心

精神反应

· 自我厌恶

· 感觉遭受到极大的打击

· 感觉自己赤身裸体地暴露在他人面前

· 不想做任何事，只想躲避、逃离

· 只求事情早点结束

体现强烈情感或长期性情感的信号

· 蜷缩在地上

· 躲在东西后面或靠在东西上，以达到藏身的效果

· 哭泣、哭喊、呜咽

· 不惜一切代价想要逃跑

· 一心求死，想早日终结心伤

体现受压抑情感的信号

· 身心变得麻木

· 变得被动，做什么事都不投入

· 对眼前发生的事情充耳不闻

· 不说话、不发声

· 心不在焉

· 魂不附体

作家小贴士

为了让故事情节更丰满，我们可以在文字中融入相互冲突的情感。例如，你笔下的人物买了他人生中的第一辆车，感到又激动，又自豪，但一考虑到自己的财务状况，也许就会觉得在车上花的钱太多了，变得有些担心……描写人物心中的矛盾，能让角色变得更有人情味。

进化版 愤怒→P96、后悔→P113、沮丧→P157、羞耻→P258、憎恨→P284

生 气 / 烦躁、不高兴；产生被烦扰的感觉

外部信号

· 嘴唇合拢、抿紧

· 噘嘴

· 绷着脸

· 眯眼、斜眼看

· 揉搓后脖颈

· 偷偷注视让自己生气的人

· 皱眉

· 双臂交叉于胸前

· 偷瞄让自己生气的人

· 拉拽衣服，仿佛衣服才是造成不快的原因

· 动个不停（如撩起头发、弯曲手指）

· 将注意力转向其他人

· 用语言挑衅别人、发生口角

· 笑容僵硬

· 舌头轻戳腮帮子，深吸一口气

· 抛出尖锐的问题

· 换话题

· 发出勉强的笑声

· 提高音量

· 欲言又止

· 咬腮帮子

· 腿动个不停（如跷起二郎腿又放下、没法站着不动）

· 沉默，不参与谈话

· 为了争取时间，让自己平静下来，装出对其他东西感兴趣的样子

· 手指不停做小动作，显得心神不宁

· 用鼻子呼吸（呼吸声能被旁人听到）

· 蜷起脚尖

· 两手紧紧相扣，以至于关节发白

· 打断别人

· 重复习惯性动作（如挠眉毛、调整眼镜的位置）

· 脸颊发红

· 咬紧牙关

内部感觉

· 胸口仿佛被勒住

· 肌肉紧张

· 皮肤过敏

· 心跳加速

· 极端烦躁

· 体温上升

· 下巴或面部肌肉紧张，感到很不舒服

精神反应

· 认定让自己生气的人没有价值

· 试图将折磨自己的信息从脑海中赶出去

· 渴望找人商量一下目前的事态

· 希望他人住手、闭嘴

· 执着于自己的信念，就算这个信念并不合乎逻辑

· 判断力低下

· 评判他人的表现或贡献

体现强烈情感或长期性情感的信号

· 公开反驳他人的逻辑或见解

· 咒骂

· 使用消极的措辞：“你压根儿不知道自己在说什么！”

· 讽刺

· 中伤

· 面部抽搐

· 血压上升

体现受压抑情感的信号

· 躲避让自己生气的人

· 行为举止“两面派”

· 挑别人的毛病

· 发表具有被动攻击性的言论

· 强迫自己不去看、不去接受让自己生气的人或事

· 为理清思绪，离开房间或当前场景

· 试图拉低对方的声誉，好让自己不必相信他

作家小贴士

给你笔下的人物设计一些独特的肢体语言吧。他在排队等待的时候，会不会不时踮一下脚呢？在陷入沉思时，他的手指会不会划过牛仔裤的裤缝呢？创造能诠释情感的习惯性动作，能让故事中的人物变得有血有肉。

进化版 不满→P46、愤怒→P96

盛 怒 / 怒气猛烈、无法控制

外部信号

· 皮肤发红或出现红斑

· 浑身不停颤抖

· 拳头一会儿握紧，一会儿张开

· 翻白眼

· 嘴角积着唾液

· 尖锐地批判、贬低别人

· 用手指戳别人的脸

· 脖子上青筋暴起

· 鼻孔张大

· 翻起嘴唇，露出牙齿

· 扭脖子，发出“咔哒咔哒”的响声，以威吓对方

· 肌肉、血管绷紧

· 喉间发出低吼声

· 双脚开立

· 为鸡毛蒜皮的小事突然发火

· 推搡别人

· 活动肩膀和颈部，仿佛随时都能开打

· 用力扭动对方的手臂，甚至形成瘀伤

· 侮辱、挑衅对方

· 让手指关节发出“咔哒咔哒”的响声，以威吓对方

· 掏出武器（比如刀）

· 寻找手边的东西作为武器（如树枝、大石块）

· 故意慢慢接近对方以示威吓

· 一边喊叫（或喊口号），一边冲向对方

· 不顾危险地战斗

· 扔或踹东西

· 因轻微的挑衅而暴怒

· 大声喊叫

· 威胁对方说要动武

· 发出死亡威胁：“我要杀了你！”

· 狠狠瞪着对方以示威吓

· 入侵他人的私人空间

· 操纵他人

内部感觉

· 耳鸣

· 血气快速上涌

· 心跳加速

· 视野模糊

· 气喘吁吁、口干舌燥

· 过了很久才感觉到疼痛

· 感觉肾上腺素在体内奔流

· 感觉力量变强

· 烦躁、心神不宁

· 视野变窄或视野前方出现闪光点

精神反应

· 认定自己受到了虐待或不公正待遇

· 产生复仇欲

· 找茬挑衅

· 想伤害别人、看到鲜血

· 在施暴的时候感到轻松

· 不考虑结果或不在乎结果

· 渴望征服或掌控别人

· 无法集中注意力

体现强烈情感或长期性情感的信号

· 把人打晕

· 施暴、杀人

· 寻求施暴的机会

· 沉溺于自毁行为

· 抑郁

· 心脏病发作、中风

· 溃疡

· 无法花时间解决小问题

· 失眠

· 疲劳

· 破坏自己的财物

体现受压抑情感的信号

· 不自然地沉默

· 全身出现难以自控的颤抖

· 捶打墙壁或其他物件，而非活人

· 咬紧牙关、咬牙切齿

· 因为牙齿咬得太紧造成下颚疼痛

· 皮笑肉不笑

· 抓住牢固的物件（比如车的方向盘），并用蛮力摇晃

· 摔打、撕破不坚固的东西

· 怒气冲冲地做健身动作

> **作家小贴士**
>
> 当人物对发生在某个环境中的事态做出情感反应时，千万不要忽视了“感觉的细节”。比如，人在特别紧张的时候可能会突然觉得衣服变得扎人，或是能察觉到平时听不见的声响。

进化版 后悔→P113、疑神疑鬼→P266

失 望 /失落、不满、沮丧

外部信号

· 垂头丧气

· 紧抿嘴唇

· 耷拉着肩膀

· 驼背

· 举起双手，仰望天空，仿佛在说：“为什么偏偏是我？”

· 瘫坐在椅子或长椅上

· 身体微微摇摆

· 苦笑

· 深深叹息

· 双手掩面

· 转移视线

· 脖子朝前弯

· 缓缓摇头

· 下巴往下点、皱眉

· 喉咙深处发出响声

· 拼命忍住眼泪

· 为了让自己平静下来，靠着门或墙，然后瘫坐在地

· 闭眼、低头

· 走路时栽跟头

· 表情松弛，面色略显苍白

· 张着嘴巴

· 手按太阳穴

· 把手插进头发，拉扯头发

· 皱眉

· 面无表情

· 眼中噙着泪水，仿佛在表现心中的苦涩

· 因痛苦而皱眉蹙额

· 带着迷茫或震惊的神色环视四周

· 想躲起来（如抱头、收下巴）

· 心神不宁，用手摆弄物件

· 手在空中挥舞，显得不知所措

· 走路时用脚踢地，摇摇晃晃

· 搓后脖颈

· 声音变小或完全沉默

· 喃喃细语“不……”或轻声咒骂

· 咬嘴唇

· 抱住自己（如紧紧抓住手肘、搓手臂）

· 单手捂着腹部

· 悄然离去（逃避反应）

内部感觉

· 产生心脏收缩的感觉

· 胃绞痛

· 突然感到恶心

· 胸口仿佛被勒住

· 呼吸紊乱

· 身体沉重

精神反应

· 悲观

· 焦虑、绝望

· 对自己抱有消极看法

· 想独处

· 感觉自己一无是处

体现强烈情感或长期性情感的信号

· 自责

· 沉浸在失望中（如酗酒、听忧郁的歌曲）

· 反复思考“为什么会变成这样”

· 无法向前看

体现受压抑情感的信号

· 轻轻抿住嘴唇

· 肩膀耷拉下来，随即猛地抬起

· 发出虚假的欢呼，露出无力的笑容

· 安慰别人

· 列举备用计划或其他选择

· 做出承诺

· 双手相扣于膝头

· 恭喜获胜者

作家小贴士

情感冲动时，人物往往会做出下意识的反应（通过对话或动作）。这类鲁莽的行为能创造出恰到好处的“风暴”，提升场景的紧张感，引发冲突。

进化版 挫败→P70、愤怒→P96、沮丧→P157、怨恨→P281

同 情 ／对他人的情感很敏感，并可以与他人共享这种情感

外部信号

· 用温柔的话语宽慰对方

· 安慰对方，告诉他“你不是一个人”“一切都会顺利的”

· 轻抚对方的后背

· 握住对方的肩膀或手

· 轻抚对方的手臂

· 长叹一口气，露出关切的表情

· 离别时的拥抱时间比平时更长

· 点头表示理解

· 眯起眼睛，皱起眉头，显得注意力很集中

· 和对方一起流泪

· 让对方看到事情乐观积极的一面：“至少这样我们就知道了……”“只有这点损失也是不幸中的万幸啊”

· 拥抱、紧紧搂住对方或让对方靠在自己的肩膀上

· 用手梳理、抚摸对方的头发

· 笨拙地安慰对方（如露出无力的笑容、笨拙的拥抱）

· 不知该说什么才好

· 轻拍对方的腿，好让对方安心

· 身体前倾、靠近对方

· 用温柔的语气说出对方想听的话

· 抛出积极的问题，让对方开心

· 坐得很近，双方的膝盖几乎能碰到

· 什么都不问，默默递上纸巾盒或一杯茶

· 手动来动去

· 将对方拉到自己旁边搂住

· 代替对方做一些会导致注意力分散的事（接电话）

· 道歉，但不是因为自己犯了错，而是对不公平的现状产生了同情

· 给出来自亲戚或朋友的建议："我叔叔常说……"

· 用鼓励的语气说话，同时夸奖对方的外表

· 无视令人不快的环境因素（冷、雨、热），仔细倾听对方

· 牺牲自己的时间安慰对方（取消原定计划）

特别篇：常见于男性之间表现"同情"的外部信号

· 说"那可真不好受啊""嗯，我在听呢""我懂，兄弟"

· 温柔地拍打对方的手臂或背部

· 轻轻地碰触对方的肩膀

· 双臂交叉于胸前，听对方说话

· 一边问"你没事吧"，一边双手插兜，用笨拙的动作靠近对方

· 凝重地点头

· 平静地说话

· 耸一耸某一侧的肩膀

· 一边做其他事，一边听对方说话

· 虽然在听对方说话，但眼睛看的是其他地方，免得让对方觉得不舒服

· 提议出门散步、开车兜风或做其他事情

· 即便心里觉得对方的话不合乎逻辑，但嘴上仍然附和

· 陪着对方泄愤或说别人的坏话

· 提议报复惹火对方的人

· 试图帮助对方散心（如带他去看电影、参加聚会、喝酒）

内部感觉

· 感觉精神极度疲惫

· 感觉浑身都很重

· 心跳稍稍变缓

· 咽部疼痛

精神反应

· 想陪伴、碰触对方

· 希望能缓解对方的痛苦

· 不知道该跟对方说什么才好

· 倾听，不作评判

· 担心同样的事会不会发生在自己或爱人身上

· 对生活中的小幸福心怀感激

· 满脑子想着对方

· 替对方祈祷

· 视野中只有对方

· 感到安心

体现强烈情感或长期性情感的信号

· 执着于“如何改善现状”

· 说最老套的安慰之词：“总有一天会过去的”“加油”

· 用礼物安慰对方，劝对方吃东西，时刻关注对方

· 设身处地地理解对方心中的痛苦

体现受压抑情感的信号

· 向对方抬起一只手，又放下

· 经常提起对方或对方所面临的局面

· 私下为对方祈祷

· 朝对方微笑或眨眼，但口头上没有表示支持

· 远远凝视着对方，希望事态会有转机

作家小贴士

一般情况下，情感不会在短时间内出现急剧的变化，瞬间从“微弱”发展成“极强”。为了赢得读者的信赖，我们要做好充分的铺垫，让读者看到情感是如何在压力因素的作用下变得越来越强的。

进化版 爱情→P24、悲伤→P32、崇拜→P66、烦恼→P88、感谢→P100
怀念→P117

痛 苦

/感到悲伤、心痛；感觉自己受到了伤害或不公正待遇

外部信号

· 瞪大眼睛，但皱起眉头
· 忍着眼泪，低头、缩头
· 慢慢摇头，显得难以置信
· 下巴颤抖
· 目瞪口呆
· 畏缩、哆嗦，面无血色
· 谴责对方："你怎么能……"
· 面对背叛，哽咽地说："让我一个人待着。"
· 蹲下，仿佛是为了忍住呜咽
· 把拳头按在嘴唇上
· 咬住下唇
· 抓住衬衫的前襟
· 举手挡住别人
· 双手抱紧腹部
· 瘫倒在地
· 胸闷
· 肩膀下垂
· 膝盖打战
· 步子不协调

- 身体失控、失去平衡感
- 把手按在喉咙或胸骨处
- 支支吾吾、语塞
- 抽泣，眼中噙着泪水
- 张开嘴，却说不出话
- 痛苦地久久凝视对方，随后转移视线
- 耷拉着脑袋
- 让双臂靠近躯干
- 摇摇晃晃后退一步
- 后退
- 转身离开
- 表情扭曲
- 双肘贴紧身体侧面，手臂紧紧抓住自己

内部感觉

- 头晕，胃部不适、恶心
- 喉咙痛
- 肺中的空气仿佛被抽干一般，呼吸困难
- 心跳变慢或是产生心跳骤停的感觉
- 肌肉无力、四肢发抖
- 视野中出现斑点

精神反应

- 感觉时间仿佛静止了
- 思绪混乱，聚焦自我的内心状态

· 震惊、不愿相信

· 回顾事情的来龙去脉，试图理解事态为何会发展成这样

· 心理崩溃

体现强烈情感或长期性情感的信号

· 感觉受到了背叛，深受震动

· 瘫坐

· 哭泣、呜咽

· 逃跑

· 愤怒地做出反应（如吼叫、扇耳光、打人）

体现受压抑情感的信号

· 明显的吞口水动作

· 身体异常僵硬

· 用力捏住嘴唇，不让嘴唇发抖

· 绷紧身体，以免发抖，高高扬起下巴

· 逼迫自己与对方保持眼神交流

作家小贴士

最自然的外貌描写手法，就是刻画人物与周围环境的互动，或视情节在描写动作的同时添加一些关于容貌的描写。

进化版 愤怒 → P96、沮丧 → P157、苦恼 → P180

希 望 /觉得未来充满光明、值得期待；对事态保持乐观

外部信号

· 屏住呼吸

· 挑眉，抛出询问的眼神

· 探出身子

· 紧紧抱住胸部或腹部

· 反复轻声呢喃“拜托了”

· 双手抵在下巴下方合十（祈祷姿势）

· 满面红光，轻咬嘴唇

· 两眼放光，用手捂住嘴

· 深呼吸

· 动来动去、坐立不安

· 列举益处而非弊端

· 持续的眼神交流，微笑

· 姿势僵硬，准备就绪

· 抚平衣服，表现出冷静自持的样子

· 边听别人说话边点头

· 因期待而保持静止

· 迅速吞口水，点头

· 话多，滔滔不绝

· 嘴唇稍稍张开

· 向周围人再次确认成功的可能性

· 走来走去

· 为了让周围人认可自己的价值而做出承诺

· 为了展示自己有能力达到期望而做出许诺

· 对与目标有关的课题或人表现出积极的态度

· 心神不定

· 在舔嘴唇的同时抱有审慎的希望

· 视线看向上方，同时呼气

· 偷瞄希望的象征（例如知晓事态的朋友、评委席）

内部感觉

· 胃部翻江倒海

· 感觉轻飘飘的

· 手脚产生刺痛感

· 全身颤抖

· 感觉卸下了肩头的所有重担，一身轻松

· 感觉一口气突然堵在了胸口

精神反应

· 想要相信一切都会顺利

· 对周围的环境变得敏感

· 乐观

· 变得冷静

· 致力于提升自己（工作更努力、学习更用功）

· 拒绝考虑、谈论、倾听悲观的言论

· 为迎接最好的结局做准备

体现强烈情感或长期性情感的信号

· 闭着眼睛，双手合十按在嘴边

· 呼吸微微颤抖

· 身体发抖

· 流泪

· 声音颤抖

·（因欣喜）抽泣

体现受压抑情感的信号

· 双手紧紧相握，强迫自己保持不动

· 降低自己的心理预期

· 提醒自己潜在的障碍或竞争对手

· 双手手心向下，以掩饰自己的过度自信

· 刻意保持面无表情

· 低头或别过头去

作家小贴士

迫使你笔下的人物在“糟糕”和“更糟糕”之间做出抉择吧。如此一来，读者就会回想起类似的经历，将感情代入人物。

进化版 激动→P131、渴望→P172、失望→P233

羡慕 ／钦羡他人享有的好处（人、物或声望、生活方式等无形之物），伴有“自己也想拥有这种好处”的渴望

外部信号

· 目不转睛

· 睁大眼睛

· 撇嘴

· 微微张开嘴唇

· 眼睛下方紧绷

· 抿紧嘴唇

· 扬起下巴

· 斜眼看

· 稍稍露齿

· 突出下唇

· 双臂交叉于胸前

· 稍稍耸肩

· 靠近某人或某物

· 伸手

· 鼻孔张大

· 将渴望的视线投向让自己羡慕的对象

· 无缘无故变得尖酸刻薄或对人无礼

· 双手插兜

· 双手抽搐

· 双手攥紧拳头

· 肌肉隆起

· 背对让自己羡慕的对象并迈大步走开

· 频繁吞咽口水

· 双手在衣服上摩擦

· 将双腿或全身转向让自己羡慕的对象

· 舔或吮吸下唇

· 手上出汗

· 脸红

· 摩擦或按摩胸口（仿佛胸口很疼）

· 抚摸或捏住喉咙

· 朝羡慕对象走近一步

· 出现强迫性行为（如跟踪别人、为得到同样的好处制订计划）

内部感觉

· 心跳加快

· 肋骨收紧

· 体温上升

· 肠胃有被拉扯的感觉

· 口干舌燥

· 咬紧牙关吸气

精神反应

· 强烈渴望碰触、拥抱

· 强烈渴望拥有

· 对不公平、不公正的事感到愤怒

· 对他人抱有不友好的念头

· 产生挫败感

· 想方设法获得别人拥有的东西

· 自我厌恶

· 幻想自己拥有了同样的好处

· 无法专注于其他事情，无法集中注意力

· 对自己拥有的东西产生不满情绪

· 觉得自己才是有资格拥有的人："我理应拥有它""它应该属于我"

体现强烈情感或长期性情感的信号

· 感觉"不能获得同样的好处，活着就没有意义"

· 抢夺或窃取渴望的东西

· 为发泄烦躁的情绪，与所羡慕的人吵架或打架

· 故意贬低渴望拥有的东西

· 思维不合逻辑

· 提出要求："把它给我。"

体现受压抑情感的信号

· 祝福或称赞

· 挤出笑容

· 认可、夸奖渴望拥有的东西

· 逼自己不盯着渴望的东西看

· 远远地看着

作家小贴士

打斗场面的动作描写切记“点到为止”。刻画得太细会让文字沦为“实况转播”，反而给人留下“机械”的印象。

进化版 愤怒→P96、嫉妒→P138、沮丧→P157、决心→P168、怨恨→P281

幸 福 / 健康、安心、愉悦、满足

外部信号

· 表情变得明亮

· 微笑

· 哼歌、吹口哨、唱歌

· 看起来很放松

· 开玩笑，经常笑出声

· 脸上有笑纹

·（因为笑）颧骨上升、凸出

· 两眼放光，眼中跃动着光芒

· 声音欢快、明朗

· 语速快

· 为他人购买礼物或做出友善的行为

· 伸展双腿，摆出开放性姿势

· 对人竖大拇指

· 端正坐姿，将注意力转向周围

· 动作流畅、自然

· 夸奖对方

· 走路时甩动双臂

· 热情地挥手

· 举止彬彬有礼

· 步调轻盈、一步一跳

· 主动与他人进行肢体接触

· 说出积极乐观的话

· 表现出乐于交谈的态度，对陌生人也彬彬有礼

· 落落大方

· 用手指轻敲腿部或其他地方（仿佛在配合音乐的节拍）

· 以轻快的节奏摆动双腿或用脚拍打地面

· 像猫一样心满意足地伸展身体

· 表现出感官上的愉悦（如随音乐摇摆、品味佳肴）

· 通过点头、探出身子等动作积极表现出自己的兴趣

· 脚尖一上一下

· 双手在胸前握住

· 鼓励、支持他人

· 动作迅速，没有迟疑

· 整张脸都在放光，朝气蓬勃

· 张开双臂，仿佛在拥抱整个世界

· 心血来潮地做出贴心友好的举动

内部感觉

· 气喘的感觉

· 胸口发烫

· 双手有刺痛感

· 四肢变得轻盈

· 仿佛身体变轻了

精神反应

· 想法积极乐观

· 渴望传播喜悦，让大家都高兴起来

· 留意生活中不起眼的事物（如闻到玫瑰花香）

· 乐于助人

· 得到满足，感觉活得很轻松

· 有耐心

· 认为前景光明（乐观的态度）

· 想与爱人、朋友在一起

· 无所畏惧

· 为有趣的事情冒一些风险

体现强烈情感或长期性情感的信号

· 喜极而泣

· 激动得发抖

· 动作幅度大（如跳起来、击拳、跑来跑去）

· 因太过喜悦而嘶喊、吼叫、大笑、尖叫、咯咯笑

· 表达爱意

· 在原地绕大圈

· 跳舞

体现受压抑情感的信号

· 抿紧嘴唇，掩饰笑容

· 坐不住

· 冷静地深呼吸

· 原地轻轻跳跃

· 扭头

· 为掩饰四肢的抽搐而摆弄物件

· 谨慎地掩饰自己的表情，但眼神泄露出真情实感

· 先把喜悦放在一边，回头再品味

· 把注意力集中在其他物品或人上

· 用头发遮掩喜悦的表情

· 捂嘴，挡住笑

· 掐自己一把，把注意力放在疼痛上，克制表现出喜悦

作家小贴士

要提升场景的紧张感，就得先想一想“驱动人物的东西是什么”，以及“妨碍这种动力的情感是什么”，然后再故意设置能引发人物产生避之不及的情感的事件。

进化版 感谢 → P100、满足 → P188、平静 → P207、兴高采烈 → P255

兴高采烈 /得意扬扬；幸福、雀跃

外部信号

· 气色好、面色红润

· 难以自制地笑、咧嘴笑

· 笑出声

· 尖叫、嘶喊、大叫、吼叫、叫嚷

· 跪倒在地

· 原地跳跃

· 相互之间说个不停

· 双手都摆出胜利的“剪刀手”

· 仰头望天

· 绕场一圈庆祝胜利

· 笑嘻嘻、脸颊发红、满面红光

· 拥抱众人

· 原地跳舞

· 发出响亮的吼声

· 不在乎别人是怎么想的，缺乏自我意识

· 感觉到自己是集体的一分子，享受与大家分享喜悦的时刻

· 反复表达心中的喜悦：“哇！”“难以置信！”

· 伸展四肢，做出开放性的站姿

· 挺胸

· 瞪大眼睛、目光如炬

· 双手抱头，仿佛在说“难以置信”

· 步伐神气十足、奔跑、一蹦一跳

· 做出拥抱、亲吻等体现爱意的动作

· 突然跑起来

· 喜极而泣、满面红光

· 将帽子、书本、纸片、头盔等物品抛向空中

· 出汗

· 朝天挥拳

内部感觉

· 全身涌起一股暖流

· 心怦怦跳

· 感觉自己肾上腺素水平上升，非常清醒，恢复元气

精神反应

· 思维混乱，由于过度兴奋，头脑无法正常运转

· 渴望家人朋友的陪伴

· 感觉付出的努力、牺牲和辛劳都得到了回报

· 回忆起这一瞬间到来之前克服的种种艰难

· 对帮助自己实现这一切的人心怀感激

体现强烈情感或长期性情感的信号

· 泪水顺着脸颊滑落

· 身体不受控制

· 肌肉颤抖

· 精疲力竭，仿佛身体要沉入地下

· 呼吸困难

· 因吼叫、嘶喊过度而声音嘶哑

· 语塞

体现受压抑情感的信号

· 再努力都无法保持微笑

· 屏住呼吸，试图让自己冷静下来

· 抱住自己以保持冷静

· 闭眼、捂嘴

· 因试图克制自己而全身发抖

· 低头掩饰微笑

作家小贴士

列举自己在描写情感时提到的身体部位吧。还有没用过的部位吗？如果有，那就挑战自己，用那个部位构思全新的表现手法吧。构思好之后，再用它替换使用次数过多的姿势。

进化版 感谢 → P100、满足 → P188、自豪 → P288

羞 耻 /因不光荣、不恰当的行为而难为情

外部信号

· 脸颊发烫

· 瘫倒在椅子、沙发上

· 四肢蜷缩

· 喃喃自语："我到底做了什么？""怎么会变成这样？"

· 用头发遮挡面部

· 把棒球帽往下拉

· 双手捂住脸颊

· 下巴往胸口贴

· 眼中噙着泪

· 面无表情

· 无法与他人对视

· 因受到瞩目而畏缩

· 颤抖、摇晃、哆嗦

· 蜷缩肩膀

· 经常无精打采

· 流泪

· 采取封闭性姿势（如双臂交叉于胸前、蜷缩、别过头去）

· 手心按着嘴唇，强忍着不哭出来

· 摇头

· 发出难以控制的呻吟
· 为发泄不满，用拳头敲打大腿
· 为了发泄怒火或转移责任而迁怒他人
· 双臂耷拉在身体两侧
· 呼吸困难
· 下巴发抖
· 背对目睹自己的羞耻行为的人，或侧开身子
· 拉扯、拨弄衣服，仿佛这么做就能让自己不再引人注目
· 破坏自己的东西
· 不再在乎自己的外表
· 为了重获自尊，寻求第二次机会（如讨好、请求、追逐他人）
· 为了瞒住可耻的秘密而撒谎或不择手段

内部感觉

· 对声响、人群、各种行为变得十分敏感
· 出现和感冒相似的症状（恶心、出汗、胸口刺痛）
· 膝盖打战
· 咽部不适
· 面部发烫、刺痛
· 身体颤抖

精神反应

· 产生逃避反应
· 与朋友、爱人保持距离
· 回避熟悉的场所或活动

· 自我厌恶、谴责自己、愤怒、不快

· 做出冒险的行为，期望有人巧妙地协调局面

· 否认令人不快的事

· 完全丧失自信

· 渴望融入背景，不被任何人注意到

体现强烈情感或长期性情感的信号

· 自虐（如抓挠、割伤自己，扯头发）

· 抑郁

· 滥用药物

· 进食障碍

· 性行为频率增加

· 惊恐发作

· 焦虑障碍

· 呈现出完美主义倾向，试图抵消此前的羞耻感

· 为实现自我认同而追求权力

· 否认、推卸责任

· 自杀

· 处于一段虐待性关系中

· 尝试改变自己的外貌

· 坚信自己理应受罪

· 为了惩罚自己，拒绝他人的帮助

体现受压抑情感的信号

· 在绝大多数情况下，羞耻是一种私密的情感。人们总会试图掩饰这种情

感，所以羞耻的所有表现“打从一开始就是受到抑制的”

作家小贴士

可以用来表达某种情感的身体、本能或精神反应是无限多的。我们要根据人物的特性，对他的反应做出预测，筛选出合适的表达方法。为确保人物形象的连贯性与一致性，我们可以用“我笔下的人物会做出这种反应吗？”这个问题来自检。

进化版 沮丧→P157、屈辱→P221、自责→P298

厌 恶 / 极其讨厌造成不快的人或物；产生强烈的反感

外部信号

· 撇嘴

· 嘴张开，舌头稍稍向前伸

· 皱鼻子

· 后退、畏缩

· 使劲吞口水

· 向后靠

· 抚摸喉咙，露出严肃的表情

· 背朝让人感到厌恶的对象

· 眼神冷漠、没有生气、黯淡无光

· 不愿意看某人或某物

· 边嘟囔边摇头

· 离场，以便让自己冷静下来

· 蜷起脚尖

· 竖起衣领挡住口鼻

· 移开视线

· 吐口水、咳嗽、呕吐

· 举起双手，边颤抖边后退

· 故意用不带感情色彩的声音重复别人说的话

· 摩拳擦掌

· 将拳头按在嘴边，鼓起腮帮子

· 揉搓裸露的手臂

· 捂嘴

· 发出干呕声

· 躲开厌恶对象，或是光想到“会碰到”就受不了，要与他拉开距离

· 将双手按在腹部

· 要求对方不要再说下去了，或立刻中止正在做的事

· 用力转动肩膀，仿佛觉得身上穿的衣服不舒服

· 用钱包或外套当盾牌

· 回避或给出模棱两可的回答

· 垂眼，捏住眉心

· 双膝贴在一起

· 双脚并拢，缩小身体占据的空间

· 面色惨白

· 揉鼻子或嘴

· 干呕

· 试图逃离让人厌恶的对象

· 流露出痛苦的表情

内部感觉

· 呼吸困难或难以吞咽

· 大量分泌唾液，想要吐口水

· 嘴里有酸味或苦味

· 恶心或感觉胃部翻涌

· 嗓子火辣辣地疼

· 皮肤紧绷（起鸡皮疙瘩的感觉）

精神反应

· 想要逃跑

· 感觉自己不干净

· 渴望待在别处

· 在脑海中回放所见到的令人不快的细节

体现强烈情感或长期性情感的信号

· 洁癖（冲澡、搓洗皮肤）

· 极端的私人空间保护欲

· 在靠近厌恶对象时一惊一乍，变得神经质

· 拒绝给出回应，变得寡言少语

· 强烈渴望逃离厌恶对象

体现受压抑情感的信号

· 在保持安全距离的同时挤出微笑

· 逼自己接近厌恶对象

· 再艰难也要逼自己和对方保持眼神交流

· 摆摆手，示意“不碍事”

· 咬嘴唇

· 缓缓靠近对方，但是双臂紧紧贴在身体两侧

· 站在与对方有一定距离的位置，伸出一只手

· 犹豫

· 动作沉重、战战兢兢

· 笑容僵硬

作家小贴士

在描写“能瞬间引发斗争或逃避反应的极端情感”前，我们必须先搞清人物的性格会促使他做出哪一种类型的反应（斗争还是逃避）。人物采取的所有行为，都要根据这一选择去刻画。

进化版 鄙夷→P36、愤怒→P96、害怕→P106

疑神疑鬼

／过分怀疑或不合理地怀疑他人；对他人不信任

外部信号

· 一惊一乍

· 咬紧牙关

· 不时瞄一眼别人，眼睛大张

· 采用过度的安全措施（如需两道锁、摄像头，看门狗）

· 手动来动去，停不下来

· 辗转反侧

· 失眠

· 举起双手后退

· 吓得一哆嗦

· 几乎不眨眼

· 双臂交叉于胸前，紧紧护住胸口

· 嘟囔、喃喃自语

· 像得了强迫症一样不停地抓挠身体

· 出汗

· 眼睛布满血丝

· 进房间后先找出口

· 想进一步扩大私人空间

· 依赖咖啡因饮料与药物来保持警惕

· 长期不晒太阳，肤色苍白

· 衣冠不整

· 以“企图加害自己”为由，责怪无辜的人

· 面部抽搐、肌肉跳动

· 步调快速而不稳定

· 不停地回头或是警惕下一个转弯处

· 体重下降

· 拉紧衣服，仿佛觉得衣物和皮肤的摩擦让人很不舒服

· 与边缘团体为伍，相信阴谋论

· 支持脱离现实的信念与意见

· 动不动就不高兴

· 动不动就采取自卫姿势

· 对自己认定的敌人发动口头攻击，无论对方是谁

· 滔滔不绝地发表毫无意义或荒谬的意见

· 提供可信度不高的信息来源

· 坚持自己的信念，即便信念的内容很荒唐

· 有完美主义的倾向

· 有强迫性行为

· 不碰别人准备的餐食

内部感觉

· 感官变得敏锐

· 疲劳

· 身体总是很紧张，随时准备抗争或逃跑

· 对动静和声音变得敏感

· 心跳加速

· 神经发麻，皮肤发凉

· 肾上腺素飙升，烦躁

精神反应

· 能从每件事情中看出危险的象征

· 急于下判断

· 过度自信

· 做出不合理的反应，草率地得出不合乎逻辑的结论

· 睡不好，导致精神疲劳

· 幻觉、幻听

· 无法信任他人，因此无法与人构建联系

· 总想着最糟糕的情况

· 看待事物的态度变得消极

· 感觉有人在监视、跟踪自己

· 坚信周围的人都被蒙在鼓里

· 为了保证自身安全变得迷信

体现强烈情感或长期性情感的信号

· 为了保护自己不受所谓“攻击者”的伤害而寻求相关机构帮助

· 无法长期维持一段关系

· 与世隔绝

· 过着远离俗世的生活

· 坚信自己没有必要受社会法则的约束

· 完全切断与现实的联系，产生幻觉

· 盛怒

· 焦虑发作、患恐惧症、精神失常

体现受压抑情感的信号

· 回避社交场合

· 尝试社交，但眼神谨慎，坐立不安

· 为了装出“我是集体中的一员”，对所有事表示同意

· 为了让自己显得更正常，观察他人、模仿他人的一举一动

· 僵硬或躁狂地笑

· 发出特别高亢或奇怪的笑声

· 吃药或依赖心理治疗

作家小贴士

在描写对话的时候，请大家尤其注意：有时候，重要的不是“说了什么”，而是“怎么说的”（或“隐藏在话语背后的真心话究竟是什么”）。

进化版 愤怒→P96、害怕→P106、绝望→P164、盛怒→P229、憎恨→P284

忧郁 ／阴郁、郁闷

外部信号

· 原地不动

· 声音中不带任何感情、面无表情

· 表情凝重、悲伤、严肃

· 将双手叠放在膝头

· 安静地坐着

· 身体软弱无力，表现出不欢迎对方（封闭）的肢体语言

· 时常低头，看起来心事重重

· 说话前犹豫，语气沉重

· 用悲观的态度看待事物，或把事态想得很严重

· 气场阴沉，不如平时那么有活力，连周围的人都受其影响变得沉闷

· 视线没有焦点

· 姿势瘫软

· 不与人进行眼神交流，对着空气说话

· 双手在身后轻轻握住，视线朝下

· 慢慢地走

· 看似和蔼可亲，实则面无表情

· 四肢紧贴身体

· 动作干净利落

· 不笑，没有幽默感

· 谨慎选择措辞

· 对刺激（笑声、兴奋的氛围、某种行为）没有反应

· 选择黯淡、颜色不鲜艳的衣服

· 冷冷地撇嘴

· 不苟言笑，将动作控制在最小限度，或是不做任何多余的动作

· 眼神阴暗、严肃

· 异常安静

· 表情哀伤

· 感觉食物、饮料淡而无味，吃了也不觉得享受

内部感觉

· 疲劳，缺乏活力

· 四肢与肌肉异常沉重

· 没精打采

· 缓慢平静地呼吸

精神反应

· 闷闷不乐

· 看待事物较悲观

· 想一个人待着

· 难以加入谈话

· 比起询问别人，更喜欢自己探寻答案

体现强烈情感或长期性情感的信号

· 赞同悲观的见解或认识

· 难以对爱好和娱乐活动产生兴趣
· 内心郁结、沮丧
· 远离和自己没有共鸣的人
· 难以将注意力放在他人（孩子、家人）的需求上
· 对目标、欲望和即将到来的事漠不关心

体现受压抑情感的信号

· 硬逼着自己笑出声
· 过度频繁地微笑
· 微笑在脸上停留的时间很短
· 表示会参加愉快的社交活动，但到头来还是没有露面
· 皮笑肉不笑
· 用正经的语气说轻佻的话
· 只为装点外表佩戴饰品（胸针、夸张的帽子、颜色鲜艳的围巾）

作家小贴士

为了解释“人物为什么会采取现在的行为”，作家会稍微透露一些和这一行为直接相关的过去。在刻画此类场景时，千万别忘了穿插情感元素。情感正是记忆的扳机，发挥着串联过去与现在的作用。

进化版 沮丧 → P157、屈服 → P217

愉 快 /被幽默感所吸引；感到愉悦、高兴

外部信号

· 满面红光

· 双眉挑起或跳动

· 哼笑、大笑

· 咯咯笑、轻声笑

· 咧嘴大笑

· 和别人交换眼色，仿佛心中有数

· 发表机智风趣的言论

· 发表意见时夹杂一些玩笑

· 转身爆笑

· 半开玩笑地捏别人，用手肘捅、推别人

· 眯起眼睛，眼中闪烁着调皮的光芒

· 傻笑或露出困惑的笑容

· 抓住别人，寻求支持

· 喘气

· 敲打自己的双膝或大腿

· 用脚在地上打节拍

· 靠在别人身上，肩贴着肩

· 做出“醉汉式动作”（如走路摇摇晃晃、步履不稳）

· 重复某人的招牌性台词，引发新一轮的哄笑

· 声音高亢

· 捧腹大笑

· 小声发笑

· 进食、喝水时因为被逗乐不小心喷出了嘴里的东西

· 笑得满地打滚

· 流鼻涕、吸鼻涕

· 撞到东西、步子不稳但毫不在乎

· 瞪大眼睛，再次引周围人发笑

· 笑得肚子痛

· 靠着椅子或墙壁，寻求支撑点

· 咯咯笑、做鬼脸、挤眉弄眼

· 用衣服扇风，以便给自己降温

内部感觉

· 肋骨或腹部产生疼痛

· 气喘吁吁

· 体温急剧上升

· 四肢（尤其是膝盖）使不上力

精神反应

· 忍不住要坐下来

· 再次回忆有趣的事件

· 在脑海中给发生过的趣事增加情节，让自己再乐一次

· 想和他人分享这件趣事，把欢乐传递下去

体现强烈情感或长期性情感的信号

· 笑得前仰后合，无法控制

· 笑到失声

· 身体发抖

· 头部猛烈摇动

· 无法控制自己的身体（使不上劲、站不直）

· 求旁人“快住手”

· 说不出话

· 喘不上气

· 流泪

· 满头大汗、衣冠不整

· 膀胱失控

· 忍不住离开这个房间

体现受压抑情感的信号

· 抿紧嘴唇

· 抬手示意，好像在说“不要再说下去了”

· 摇头

· 忍着不笑出来

· 擦嘴

· 用捂嘴、咬嘴唇的动作掩饰笑意

· 脸红

· 向后转，试图让自己冷静下来

· 强忍笑意、哼笑

· 用拳头抵住嘴唇

作家小贴士

想让读者对你笔下的人物（包括反派角色在内）产生共鸣，就要通过对行为的刻画，逐渐为他们赋予“人性”。再不讨喜的人物，也一定有可取之处，需要我们用巧妙的手法逐渐将他的品质展现在读者面前。

进化版 满足→P188、幸福→P251

欲望 /垂涎、希冀、渴望（人、物品或名声、别人的认可等无形之物）

外部信号

· 嘴唇张开

· 持续的眼神交流

· 手上出汗

· 轻抚自己的手臂，将它作为渴望对象的替代品

· 模仿渴望对象的动作（如果渴望对象是人）

· 颤抖

· 压低嗓门说话

· 身体前倾或探出身子

· 靠近对方，以缩短双方的距离

· 摆出放松的姿势

· 直视渴望对象

· 两眼放光，眼神变得柔和

· 双腿微微打开

· 肌肉从紧张转为放松

· 频繁触摸面部或嘴唇

· 双手短暂相握，然后松开

· 说不出话

· 皮肤发红

· 频频吞咽口水

· 用舌头碰触或舔舐嘴唇
· 双膝无力、打战
· 一有人喊自己的名字，就立刻做出反应
· 碰触渴望对象或是将他拽到自己跟前
· 缓缓展露笑颜
· 下意识地挺起胸膛
· 抬起下巴，露出脖子
· 屏住呼吸
· 支支吾吾、语塞
· 不停地碰触、轻抚渴望对象
· 碰触、轻抚自己的喉咙

内部感觉

· 能清楚地听到自己的心跳
· 感觉全身流过一股暖流
· 嘴里越来越湿，唾液分泌量增加
· 起鸡皮疙瘩
· 十分想碰触渴望对象，以至于手指发麻
· 呼吸速度加快、气喘
· 触觉变得十分敏感
· 心神不宁，胸口隐隐作痛
· 头晕目眩
· 心脏周边出现阵阵悸动、疼痛
· 因欣喜而颤抖
· 神经亢奋导致刺痛

· 期盼渴望对象能碰触自己

精神反应

· 沉迷于渴望对象的气味

· 满脑子想着渴望对象最具吸引力的特性

· 排除一切干扰，以便将注意力集中在渴望对象和针对他的欲望上

· 渴望消除双方之间的距离

· 想要碰触渴望对象，探索他的方方面面

· 沉浸在关于渴望对象的幻想中

· 产生“一定要得到或拥有他”的决心

· 急躁

· 丧失控制力

· 为得到渴望对象设定目标

· 为了证明自身的价值，利用机会，接受挑战

· 将对方的要求放在第一位，想要照顾对方

体现强烈情感或长期性情感的信号

· 为接近渴望对象撞、推、挤开周围的人

· 为了得到渴望对象，再大的苦难都愿意忍受

· 不在乎别人的看法和感觉

· 产生强迫性想法

· 感觉自己的世界是围绕渴望对象转的

· 忽视朋友、家人、工作或其他需要关注的事

· 执着于能帮助自己达成目的的自我改善行为、有益经历与目标

· 为了满足对方或给对方留下好印象，改掉自己的坏习惯或缺点

体现受压抑情感的信号

· 短暂转移视线

· 假装对其他东西感兴趣

· 让对方看到自己在和别人交谈

· 假装在观察、考虑其他东西

· 朝其他对象微笑

· 不快速冲向渴望对象，而是故意慢慢走过去

> **作家小贴士**
>
> 感情一定要和“决策”挂钩。无论决策内容是好是坏，都能推动故事情节的发展。

进化版 爱情→P24、崇拜→P66、嫉妒→P138、决心→P168、羡慕→P247

怨 恨 /对某行为、意见或人物感到愤慨；感到自己受到了伤害或侮辱

外部信号

· 嘴唇紧闭

· 双臂交叉于胸前，面无表情、眯眼

· 怒视某人（或某物）

· 进一步拉大和对方的距离

· 抱怨，态度粗鲁

· 噘嘴（多出现在孩童身上）

· 刁难、中伤他人

· 嗓门慢慢变大或扯着嗓子说话

· 发生口角

· 不看对方，将视线的焦点落在他后方

· 表情严肃

· 双臂直直地放下，双手握拳

· 拒绝被友好或体贴的行为拉拢

· 回避怨恨对象，姿势尴尬僵硬

· 故意无视别人为和解付出的努力

· 轻声嘟囔、咒骂

· 撇着嘴，露出不爽的表情

· 贬低对方的地位或成就

· 颈部、肩膀紧张

· 为了强调某事，将手指在空中用力戳向对方

· 歪着嘴，露出牙齿

· 咬紧牙关

· 毫不留情地指责他人，语调尖锐

· 觉得自己受到了不公正的待遇，于是故意妨碍或破坏他人的工作

· 说坏话、传八卦

· 不友善的笑容

· 摇头暗示“不赞成”，但一言不发

· 双手握拳

· 离开房间

· 气呼呼地转身离去，大步冲上楼梯

· 用很大的力气关门

内部感觉

· 紧张性头痛，下颚疼痛

· 胸口紧绷，咽部发紧

· 高血压

· 胃痛、出现溃疡

精神反应

· 对怨恨对象抱有恶意

· 为不公平、不公正的事感到沮丧

· 幻想伤害怨恨对象或怨恨对象失势的画面

· 喜怒无常

· 渴望独处

· 过分执着于某人或某种局面，以至于对其他人际关系产生负面影响

· 想拉拢其他人，一起让怨恨的情绪高涨

体现强烈情感或长期性情感的信号

· 体重增加

· 生病

· 失眠

· 为躲避怨恨对象迟到、请病假、不按时上班

· 高血压

· 企图报复怨恨对象

体现受压抑情感的信号

· 离场

· 沉默

· 换一个安全的话题

· 假笑

> **作家小贴士**
>
> 出现新场景、新人物或新物品时，“从次要人物的角度进行描写”也能收获理想的效果。只要刻画次要人物察觉到了什么，又做出了怎样的反应，就能突出新场景、新人物或新物品的特征。

进化版 愤怒 → P96、嫉妒 → P138、憎恨 → P284

憎恨 /极度讨厌、嫌恶；抱有恨意

外部信号

· 拳头发抖

· 紧张、激动的眼神

· 咬牙切齿

· 手臂肌肉紧张、僵硬

· 话语尖锐、伤人，含有挑衅意味

· 身体僵硬、肩膀隆起、步调摇摇晃晃

· 推开、推搡、绊倒他人

· 被对方威胁

· 收回手指，然后钩起，呈现出利爪的样子

· 大吼、尖叫、咒骂

· 朝对方冲去

· 高喊到唾沫横飞的地步

· 面部、颈部发红

· 出汗

· 青筋暴起

· 颈部肌肉紧张

· 不愿和对方待在同一个空间，从而离开

· 不愿见到敌人，调整排班或日程

· 表情僵硬，将烦躁写在脸上

· 发出野兽般的吼声

· 鼻孔张大

· 无意间捏碎物件（如把笔折断）

· 身体高度紧张，感觉随时都有可能发怒

· 霸凌、参与网络暴力

· 因厌恶对方而歪着嘴或嘲笑对方

· 朝对方或对方所在的方向吐口水

· 伸出手掐、打、教训对方

· 推开人群以接近敌人

· 因愤怒而哭泣

· 辱骂他人、说脏话

· 口吻毫不留情

· 声音发抖

· 利用自己的朋友孤立敌人或降低敌人的地位

· 说恶劣的坏话、给对方下套、传播谣言

· 扭对方的胳膊，不让敌人逃跑

· 受暴力冲动驱使采取行动（如扔椅子、破坏财物）

内部感觉

· 胸口上下起伏，呼吸幅度大

· 因咬紧牙关导致下巴酸痛

· 心怦怦跳

· 头痛

· 体温上升

· 因紧张导致肌肉疼痛

· 耳鸣

精神反应

· 有一种谁都无法接近或祛除的阴暗气场
· 急于下结论，判断力低下
· 思维不合逻辑，为报复甘冒风险
· 渴望复仇（如做出破坏行为、盗窃等）
· 一门心思想着如何才能摧毁对方
· 沉浸在羞辱敌人的幻想中
· 一心祈求对方受到伤害或遭遇不幸

体现强烈情感或长期性情感的信号

· 无法尽情享受乐趣或幸福
· 食欲不振、失眠
· 与世隔绝
· 揪着对方不放，跟踪对方
· 通过与敌人有关的暴力幻想获得快感
· 犯下针对敌人的罪行
· 袭击、谋杀

体现受压抑情感的信号

· 咬紧牙关，不让自己说出过分的话
· 深呼吸，让自己冷静下来
· 寻找能转移注意力、让自己散心的东西
· 从现状抽身而出或离开有敌人在的地方

· 置身于支持自己的伙伴之中

作家小贴士

营造情感张力的方法之一，就是让笔下的人物在做出某种行为时回忆起“行为的危险性”。如此一来，人物就会担心起行为的结果，进而产生绝望的情绪。在读者看来，这样的感情演变过程也是很有说服力的。

进化版 盛怒 → P229、疑神疑鬼 → P266

自豪 /因为有显著的成果、拥有某样物品或处于一段稳定关系中而产生恰当的自尊自爱之感

外部信号

· 高高抬起下巴

· 肩膀向后收

· 挺胸

· 双腿开立、挺直后背、站姿端正

· 眼底放光

· 会心一笑

· 有完美主义倾向

· 观察他人的反应

· 诉说走到这一步之前的起起落落

· 给朋友、爱人打电话，通报取得的成果

· 直接、频繁的眼神交流

· 发出穿透力很强的笑声

· 变得话多

· 为强调自己说的话稍稍踮起脚尖

· 引导或掌控谈话

· 有听众时显得更有活力

· 神秘的微笑

· 在活动或辩论的中途插入

· 露出满足的笑容

· 挺胯，双手大拇指插入裤子的皮带环

· 深吸气

· 装出谦逊的样子

· 无视或忽视让自己骄傲的事物的缺陷

· 关注自己的外表

· 双手交叉，手掌插入另一侧腋下，露出大拇指，且大拇指朝上

· 用手梳理或撩起头发

· 摆出性感的姿势或是能让众人关注自身优点的姿势

· 显得不在乎别人的想法

· 说话前不经过大脑

内部感觉

· 感觉自己变得高大、强壮

· 心满意足地深呼吸，使肺部充盈

精神反应

· 积极乐观地看待自己

· 沉浸在自己的成果或成功中

· 感觉自己能征服世界

· 希望有支持自己的爱人陪伴在身边

· 渴望与他人分享这份成就感

· 用自己的标准判断他人

· 高估自己的能力

· 低估他人

· 感觉自己够格做很多事

· 规划并寻求各种好处

体现强烈情感或长期性情感的信号

· 享受“证明他人有错”而产生的愉悦感

· 炫耀、显摆自己的功绩或所有物

· 夸赞团队的业绩，以便让周围人知道自己也参与其中

· 自己的声誉受到抨击时表现出愤怒或嫉妒

· 就今后的目标做出激进的声明或承诺

· 为了鼓励自己，再次回忆让自己成功的事物或取得成就的地点

体现受压抑情感的信号

· 认为对方过奖了

· 将功绩让给其他人

· 让大家不要关注自己

· 征求他人的意见，以此来验证自己的成功

作家小贴士

请大家充分理解笔下人物的“情感幅度”。有的人物会在紧张状态下呼吸困难，有的却能保持坐姿，只在椅子上稍稍挪动一下。提前了解人物的情感表现能力，就能找到最合适的动作去呈现其情感意义。

进化版 轻蔑 → P214、自命不凡 → P291、自信 → P295

自命不凡 / 自信心爆棚或极度自满

外部信号

· 扬起下巴

· 双臂交叉于胸前

· 挺胸

· 故意扬起眉毛

· 歪头

· 冷笑或嘲笑

· 直接的、探究的目光

· 眯眼凝视，露出冷笑

· 轻蔑地点头或扫视

· 翻白眼

· 咄咄逼人，冷嘲热讽，意图让对方认清自己的能力

· 发出恼怒的叹息（如“哼”）

· 摆摆手，仿佛是为了把人打发走

· 猛地靠近对方，就像是在挑衅一样

· 身体向后仰，将重心落在脚后跟上

· 在别人背后说坏话

· 扯着嗓门说话，就像是在强调谁占优势一样

· 讽刺地说：“那又怎么样？”“我猜也是”“你要是这么说的话！”

· 脸上流露出优越感

· 肩膀向后收，抬起下巴，姿态完美

· 步伐有力、装模作样、自信满满

· 大声说话、自吹自擂、虚张声势

· 为了吸引周围人的注意，做出夸张的动作

· 双腿开立

· 批判、贬低别人

· 打断别人，开始主导谈话

· 用轻蔑的眼神看对方

· 做出支配性的行动（入侵对方的私人空间；别人都坐着，只有自己站起来）

· 毫不吝啬地夸赞自己偏爱的人（孩子、朋友、掌权者）

· 发出自大的笑声

· 盛装打扮（斟酌要穿的衣服、对着镜子检查自己的外表）

· 服饰花哨、夸张

· 甩头发，左右摇头

· 做出沉思的动作（用手捏着下巴，装出自己在思考的样子）

· 四仰八叉地靠在椅子上，做出很放松的样子

· 做出引人注目的动作（甩动手中的雪茄、端着酒杯、手舞足蹈地说话）

· 从容地跷起二郎腿，或是握起双手

· 故意摆弄身上的饰品，吸引周围人的注意

· 拍对方的后背，夸张地表现出两人的亲密关系或友情

· 暗示自己认识名人

· 反复对对方说“瞧我说什么来着”

内部感觉

· 仿佛全身被温暖包裹着

· 产生得意扬扬的感觉

· 胸部稍有刺痛

· 感觉肾上腺素飙升，心跳加快

精神反应

· 坚信自己是正确的，产生优越感

· 瞧不起在自己眼中没有价值的人

· 过度自信

· 渴望贬低没有价值的人，凸显自己的成果

· 为领先周围的人而产生感激之情

· 深信一个人无法取得成功是咎由自取

体现强烈情感或长期性情感的信号

· 对外貌和所有物感到极度骄傲

· 慎重考虑要和谁做朋友、要买什么、要在什么地方露面

· 故意反复提到他人过去犯下的错误

· 倾向于在一个能让自己充分感觉到“我取得了成功”的环境中打发时间

· 通过宽容或慷慨的行为彰显自己的权力（如举办慈善活动）

· 做出出格的举动，仿佛规则不适用于自己，或是自己的权力高于法律

体现受压抑情感的信号

· 象征性地对那些为结果做出贡献的人致谢

· 嘴上说“我只是运气好”，其实心里并不这么想

· 给出说教般的建议：“只要学我，你就一定能成功！”

作家小贴士

在描写人物的情感时，如果你频频使用“他感觉到……”这样的句子，那就意味着你不是在呈现情感，而是在陈述情感。不妨在文档中搜索一下“感觉”这个词，细细斟酌情感的表现方式，挑战自身的极限吧。

进化版 鄙夷→P36、轻蔑→P214

自信 /对自己的影响力或能力有信心

外部信号

· 姿势强劲有力（如肩膀向后收、挺胸、抬起下巴）

· 大步流星地走

· 极度注重卫生和个人的仪表

· 双手在背后轻轻握住

· 双手手指相互碰触（如轻轻打节拍，或指尖贴在一起搭成尖塔形）

· 眼底释放出光芒

· 微笑、调皮地笑，对着某人点头或眨眼

· 手不插在兜里

· 显得很放松（手放在腿上，用手指打节拍、哼歌）

· 占用的空间较大（双腿开立、手臂耷拉在身体两侧）

· 轻松地与他人接触

· 凝视对方的眼睛

· 边走路边甩胳膊

· 选择置身于“正中央”而非“边角”地带（无论是沙发上还是房间里）

· 为吸引他人的注意，做出大幅度的动作

· 发出穿透力很高的笑声

· 头往后仰

· 大声嚷嚷、吵闹

· 发表机智风趣的言论

· 轻轻耸肩或微微一笑，仿佛是在暗示自己知道某种秘密

· 轻松的、无心的调侃

· 调情

· 强有力地握手

· 双手在后脑勺处交叉，靠在椅子上

· 表现得落落大方

· 伸展身体

· 通过与人近距离接触显示自己很放松

· 主动联系他人

· 开玩笑、加入谈话或引导谈话

· 举办活动（如召集大家一起去看足球比赛）

· 用开放的态度和人打交道

· 不在乎别人是如何看待自己的

· 为了说话或听别人说话而探出身子

· 肢体接触增加

· 用手梳理或撩起头发

· 采取能让大家关注自身优点的姿势

· 喜欢领导他人而非追随他人

内部感觉

· 肌肉放松，呼吸平稳

· 感到胸口很轻盈

精神反应

· 平静、轻松的感觉

· 乐观看待事物

· 对眼前发生的一切都感兴趣

体现强烈情感或长期性情感的信号

· 在不焦虑、不担忧的状态下尝试做不同于以往的事、说不同于以往的话

· 专心致志地讲述某项成就或拥有的物品

· 自己的声誉受损时表现出愤怒或嫉妒

· 夸耀、显摆

体现受压抑情感的信号

· 将他人对自己的称赞最小化

· 谦逊

· 换话题，以便让大家把注意力集中在其他人身上

· 更看重“让周围人开心”而非“自身的舒适度”

· 征求他人的意见或建议

作家小贴士

在他人面前克制、隐藏自己的真情实感是人的天性。在描写一个身陷矛盾之中的主人公时，我们要先通过动作表现“主人公想当场传达给他人的情感”，同时将他的真正想法呈现给读者。

进化版 满足 → P188、轻蔑 → P214、自命不凡 → P291

自 责 ／因做了错事受到良心的苛责；渴望撤销与挽回

外部信号

· 发自内心地道歉

· 央求对方给自己说话的机会

· 跟进受害者的情况

· 一次次回到事情发生的地方

· 垂头丧气，只有眼睛是往上看的

· 眼中噙着泪水

· 单手捂嘴

· 双手抱头

· 不掩饰、克制自己流泪的冲动

· 沉默

· 提出补偿

· 受害者在场时，在对话中使用受害者的名字

· 如实相告

· 回答时毫不犹豫

· 下巴颤抖

· 抱住腹部

· 肩膀向前蜷缩

· 受到攻击时不反击（无论是口头攻击还是针对身体的攻击）

· 采用无力松垮的姿势

· 低头盯着地面

· 双手相握放在膝盖上

· 颤抖

· 乞求原谅

· 肩膀发抖

· 想克制住呜咽声

· 用恳求的口吻说话

· 脸色不好、苍白

· 黑眼圈

· 脸颊消瘦

· 伸手去摸，却把手收了回来，仿佛自己没有触摸的资格

· 毫不犹豫地同意对自己进行惩罚或判决

· 声音沙哑

· 说出对事件应负的责任

· 平静地回答问题

· 双臂耷拉在身体两侧

· 四肢一动不动

· 服从别人的命令

· 小声啜泣

内部感觉

· 感觉胃部被勒住一样

· 流鼻涕

· 恶心

· 睡眠不足导致眼睛干涩、有异物感

· 因悲伤而哽咽

精神反应

· 在心中为自己做出的行为或错误的判断自责

· 无论结果如何都愿意接受

· 执着寻找“还债”的方法

· 同情对方，对他们经历过的事感同身受

· 在当前局面下坦诚而认真地对待自己的职责

· 因坦白自己犯下的过错而感到解脱

体现强烈情感或长期性情感的信号

· 体重下降

· 头痛

· 患心脏病

· 坚信自己没有过上幸福生活的资格，做出自毁行为

· 拼命保持事态的平衡或努力解决问题

· 彻底改变自己的生活（如开始参加慈善活动、信教）

体现受压抑情感的信号

· 回避和自己一起犯错的人（如果错误是群体行为）

· 在自己的感受上撒谎

· 主张被害者也要负一定的责任

· 找借口离场

· 退出活动、退学或辞职

· 搬家

作家小贴士

按事件发生的顺序进行描写是最简明易懂的。先展示行为（原因），再描写人物对这一行为做出的反应，读者就能清楚地认识到“A 为什么会发展成 B”了。

进化版 后悔 → P113、决心 → P168、羞耻 → P258

鸣谢

首先要感谢的是我们的网站“The Bookshelf Muse”及“Writers Helping Writers”的读者们给予的支持、鼓励与暖心的评论。多亏了大家，我们才能意识到将《如何描写情感》出版成书的必要性。也因为有他们的信赖，我们才能将本书送到大家手中。

然后还要感谢我们最先成立的研讨小组的关键成员们:海伦（书虫)、罗伊（爷爷)、玛德琳（疯狗)、乔恩（不能提名字的人)、萝拉（乡下人)。多亏了他们，我们才会着手编撰近义词清单，并各自走上了作家之路。朋友兼责编莎朗总会在关键时刻鼓励我们，我们也向她致以最由衷的谢意。

作家社区也给我们提供了莫大的帮助。通过线上交流、作家会议、线下讨论，我们自己的小社区中的作家们毫不吝啬地与我们分享了自己的知识与乐观向上的精神，帮助我们更上一层楼。能成为这个集体的一员，我们深感荣幸。

最后，将最诚挚的感谢献给我们的家人。在我们不知该朝何处前进，苦苦挣扎的时候，是家人们鼓励着我们，并为我们提供了很多商务层面的帮助。非常感谢大家。

致 AAD 和 SDJ，怀着满腔的爱意

图书在版编目（CIP）数据
如何描写情感 ／（美）安琪拉·阿卡曼，（美）贝卡·帕格利希著；曹逸冰译．-- 海口：南海出版公司，2019.9
ISBN 978-7-5442-9507-9

Ⅰ．①如… Ⅱ．①安… ②贝… ③曹… Ⅲ．①写作学 Ⅳ．①H05

中国版本图书馆CIP数据核字（2018）第281018号

著作权合同登记号 图字：30-2018-145

如何描写情感
〔美〕安琪拉·阿卡曼 〔美〕贝卡·帕格利希 著
曹逸冰 译

出　　版　南海出版公司　(0898)66568511
　　　　　海口市海秀中路51号星华大厦五楼　邮编 570206
发　　行　新经典发行有限公司
　　　　　电话(010)68423599　邮箱 editor@readinglife.com
经　　销　新华书店

责任编辑　翟明明
特邀编辑　李茗抒　李怡霏
装帧设计　魔都鼠兔
内文制作　王春雪

印　　刷　河北鹏润印刷有限公司
开　　本　880毫米×1230毫米　1/32
印　　张　9.75
字　　数　200千
版　　次　2019年9月第1版
印　　次　2024年4月第8次印刷
书　　号　ISBN 978-7-5442-9507-9
定　　价　58.00元